教育实习模式与方法改革系列教材

教育实习指南

苗凤华　主编

科学出版社

北　京

内 容 简 介

本书主要内容包括发挥师范院校自身优势，延长教育实习时间；激发师范生自身潜能，做好教育实习准备；创设多种实践途径，拓宽教育实习渠道；探索多种教育实习模式；教育实习的领导与组织。

本书从改革教育实习的模式与方法入手，以全新的视角审视教育实习，提出教育实习应该贯穿在师范生大学生涯的每个环节，在师范生进入大学的第一学期，就应该在职业道德、教师技能、教师素养等方面培养他们，使他们认识到为人师表的责任及教育实习的目的和意义，为真正进入教育实习做准备。

本书既可作为高等院校师范生的学习用书，也可作为各类学校从事教育实习指导工作的相关人员的参考用书。

图书在版编目（CIP）数据

教育实习指南/苗凤华主编. —北京：科学出版社，2018

（教育实习模式与方法改革系列教材）

ISBN 978-7-03-054392-9

Ⅰ. ①教…　Ⅱ. ①苗…　Ⅲ. ①教育实习–师范大学–教学参考资料　Ⅳ. ①G652.44

中国版本图书馆 CIP 数据核字（2017）第 216830 号

责任编辑：戴 薇 刘 杨 / 责任校对：张 曼
责任印制：吕春珉 / 封面设计：东方人华平面设计部

科 学 出 版 社 出版

北京东黄城根北街 16 号
邮政编码：100717
http://www.sciencep.com

三河市铭浩彩色印装有限公司印刷
科学出版社发行　各地新华书店经销
*

2018 年 1 月第 一 版　开本：787×1092 1/16
2018 年 1 月第一次印刷　印张：7 3/4
字数：175 000
定价：28.00 元
（如有印装质量问题，我社负责调换〈骏杰〉）
销售部电话 010-62136230　编辑部电话 010-62135397-2052

前　言

作为师范院校培养学生的重要实践环节，教育实习历来为师范院校所重视，师范院校期望师范生在经历教育实习后，对教师职业、教育理论、教改现状、学校环境、中小学生及自身等有新的认识。但是，国内师范生教育实习的质量不容乐观，这一点已经引起学者的高度重视。

众所周知，教育实习源自欧洲传统的学徒制，其基本功能是师范生在实际的教育情境中验证所学的教育理论。然而，师范院校所教授的教学理论与课堂教学现实往往存在着一定的差距。引起师范生"震撼"体验的关键因素有高师院校教师教育课程本身的局限、教师实践知识自身的特点、实习师范生角色定位冲突及其获得的支持性辅导不足。西方学者将实习教师的困扰与"现实震撼"研究分为四个阶段：一是蜜月阶段，师范生对初为人师充满信心与乐趣；二是寻找教材和教法阶段，师范生发现自己课堂控制失常，临场应变能力不足，希望通过准备更多的材料内容与教学方法，弥补能力的不足；三是危机阶段，此时师范生感到力不从心，发现所学与实际差别太大，感到无力与焦虑；四是试误阶段，师范生开始通过尝试来调整自己的行为。教育学者维曼在研究的基础上总结出师范生在教育实习过程中所经历的八大困扰：维持课堂纪律（能力不足）、激发学生动机（手段匮乏）、处理学生的个别差异（缺少方法）、评价学生学业（找不到重点）、同家长交往（缺少技巧）、组织课堂活动（缺少技能）、教学资源不足或缺失、处理个别学生（无所适从）。学者的研究引发了人们的深入思考：教师是一种职业，有些师范生与优秀教师的差距太大，有些师范生不知道怎样与学生相处。师范生共同的感悟就是在教育实习中，他们在师范院校所学的理论用不上。

教育实习是师范院校培养师范生的必需环节，是师范生为人师前的唯一的"实战"体验。师范院校应关注师范生在教育实习中面临的困扰、障碍，调整教育实习策略，完善教育实习体系，创新教育实习方法，革新教育实习模式，更新教育实习理念，建立有效的教育实习制度，指导师范生进行准确的角色定位。要想保证教育实习质量，师范院校应时刻把培养未来优秀教师的目标落在实处，增加慕课、翻转课堂及微格教学等实践课的课时，有计划地为学生创造"实战"机会。师范院校在师范生入学之初就应使其明确教师的形象定位，明确教师是一种事业也是一种职业，对师范生进行必要的角色定位辅导，"延长"师范生的教育实习时间，拓宽其教育实习途径，实现教育实习贯穿师范生学业生涯的各个阶段。师范生的责任心、事业心、奉献精神、多角度思考问题的习惯都应在大学学习期间通过师范院校有计划的实践活动培养起来，师范生的教师技能应该在实习之前训练出来。师范院校应该把师范生到中小学实地实习作为今后教育实习的一个环节，而不是唯一环节。师范院校要改革教育实习方法，创新教育实习理念，建立教育实习的最佳模式，以培养出强能力、高水平、精技能、会思考、高品德、讲奉献、常创新的新型中小学教师。

本书是在东北教师教育协同创新中心组织的课题"数学专业教育实习指导模式与方法研究"的理论与实践研究基础上编写的。本书的编写目的包括两个方面：第一，期望助力教育实习改革。为创新教育实习理念起到抛砖引玉的作用，为实现师范院校培养教育理念先进、专业知识扎实、认知结构合理、教学基本功深厚、教学个性与风格独特、意志品质良好的专家型教师、学者型教师和教育家型教师而努力。第二，改革师范院校教育实习模式，改革师范院校的部分课程内容、考核方式及授课方式。改变师范院校教师教育课程本身的局限，正视教师工作使用非体系性的实践知识的现实；主动打破师范院校与中小学教育在制度和观念上的壁垒，尽量杜绝教育理论和教学实践脱节的现象；重点培养师范生全面把握教材系统结构的技能，使其具备根据教育改革需要对中小学教材进行去粗取精的能力。利用慕课、翻转课堂等实践教学环节，激发师范生学习教育理论的兴趣，突出理论学习的现实性、生活性；让师范生走进社会、走进教育、深入中小学课堂，回归实践检验；让师范院校的教育教学理论找到"原点"，服务于师范生的培养目标。

苗凤华

2017 年 8 月 17 日

目　录

第一章 发挥师范院校自身优势，延长教育实习时间

教育实习是师范院校学生培养的重要环节，教育实习组织水平的高低关系到师范生的教学实践意识和实践能力的发展。在基础教育改革的背景下，变革教育实习理念、内容和活动形式非常重要。发展师范教育，改革师范生培养模式已势在必行，但就我国师范生培养的教学现状而言，还在沿用普通教育模式，在具体的教学过程中仍存在着"重理论、轻实践""重知识传授、轻能力培养"的弊病，师范生的实践动手能力普遍不强。师范院校在师范生入学之初，就应着手培养其实践能力和教师素质，按计划落实，注重其综合知识的教授和综合素养的提高，重视课内知识的学习和课外教学实践能力的培养。在师范生培养的各个阶段渗透教育实习的思想，创新教育实习的模式，延长师范生的教育实习时间，把教育实习贯穿师范生大学教育的始终。

第一节 带领师范生熟悉教材

分析教材是教师进行教学设计的基础，是教师上课的前提；对教材分析是否到位，不仅关系到能否真正发挥教材的作用，也会直接影响教师的课堂教学质量。目标化策略、结构化策略、生活化策略、主体化策略、教学程序化策略、工具化策略、纵横比较策略、反思性策略是分析教材的 8 个基本策略。这 8 个基本策略分别从不同方面对教材加以分析，构成一个开放的教材分析系统，提高了教材的附加值。下面以数学教学为例，说明师范生应如何熟悉教材。

一、目标化策略

有效的教学始于准确了解所期望达到的目标。因此，教师阅读分析教材的首要任务就是确定教学目标。教学目标既是教师进行课堂教学活动的出发点，也是课堂教学活动的落脚点，指引着教师教和学生学的方向。同时，对于同一个内容，目标不同，其教学设计也就不同。例如，导数的概念，在中学是不讲极限的，而导数本是特殊的极限，那么导数教学目标在大学与在中学就有很大的不同，因此要设计不同的教学方案。

以义务教育阶段的数学教学为例，《义务教育数学课程标准》（2011 年版）从知识技能、数学思考、问题解决、情感与态度 4 个方面规定了数学课程目标。多数教师按照"三维目标"来制定教学目标。"三维目标"是新一轮基础教育课程改革出台的关于课程目标（即"知识与技能，过程与方法，情感、态度与价值观"）的简称。"三维目标"不是相互孤立的，而是相互统一的整体，是基于人的完整性提出的一体三面，不能把它们分割开来，必须从整体上思考。数学教学一定要使学生在掌握数学知识与技能的同时，亲身经历、体验学习和探究的过程，并且在情感态度与价值观方面得到培养，即以"知识与技能目标"为主线，渗透"情感、态度与价值观"，并充分体现在学习探究的"过程"

之中，紧紧咬住显性目标"知识与技能"，密切关注隐性目标"过程与方法、情感态度与价值观"，力避"过程与方法""情感态度与价值观"目标的泛化。

教学目标的确定需要明确主体、方式、对象、条件、程度 5 个基本要素，即明确谁来做、怎么做、做什么、在什么条件下做、做到什么程度。分析教材确定目标时，要明确区分教材中的事实性知识、原理性知识、策略性知识。教学目标的制定可按照学段、年级、单元与课时来进行，教师教学目标的确定需要遵从"下要保底，上不封顶"的原则，使目标具有一定的弹性，兼顾学生之间的差异。

二、结构化策略

《中学教师专业标准（试行）（征求意见稿）》在专业知识领域明确指出："理解所教学科的知识体系、基本思想与方法；掌握所教学科内容的基本知识、基本原理与技能。"一名合格的教师必须掌握中学教材中的基础知识、基本思想，清楚概念与原理间的内部规律。下面以高中数学教材为例，介绍结构化策略的 3 个层次和 3 条主线。

（一）3 个层次

1. 宏观整体把握课程结构

《普通高中课程方案（实验）》将普通高中课程结构划分为学习领域、科目和模块 3 个层次，数学是其中的一个学习领域。高中数学课程内容由 2 个部分组成。第一部分是必修系列课程，由 5 个模块组成，这是每个学生都要学习的内容，是所有学生共同的数学需求。第二部分是选修系列课程，由 4 个系列组成。对于希望在人文、社会科学等方面发展的学生，可以选择选修 1 系列课程；对于希望在理工、经济等方面发展的学生，可以选择选修 2 系列课程；选修 3 系列和选修 4 系列课程是为所有对数学有兴趣和希望进一步提高数学素养的学生设置的，由 16 个专题组成，其中选修 4 系列课程的内容作为高考内容。教师可采用框图形式梳理课程内容，整体理解必修、选修之间的联系，不同知识组块之间的联系，对高中数学内容能做到整体把握，甚至有效衔接初中、大学的数学内容，这样也能对学生的未来规划提供指导。

2. 宏观把握教材内容主线

高中数学课程在内容设置上明显地突出了几条内容主线，如函数、运算、图形、算法、应用、统计与概率等，它们彼此之间有着密切的联系，贯穿于高中数学课程的教学始终。这些内容主线把高中数学知识编织在一起，构成一个知识网。从内容主线视角来把握高中数学教材内容，可以更好地掌握和驾驭整个高中数学知识。例如，函数主线涉及概念产生的背景、含义；函数的具体类型，如数列、三角函数、对数函数、指数函数、分段函数、简单的幂函数；函数的应用，包括实际应用及数学内部的应用，如函数与方程、不等式、简单线性规划、算法、随机现象等；研究函数的思想工具，如运算与导数；函数的性质，如单调性、奇偶性、周期性等。函数主线进一步可以延续到大学的数学内容，如数学分析、复变函数、实变函数、常微分方程、偏微分方程、泛函分析等都把函数作为研究对象。

3. 微观把握教材知识点

在教学内容主线上密布着许多知识点，对于这些知识点教师要明确其前后联系，确保掌握其数学本质属性。例如，对于概念，教师要明确概念的内涵、外延、定义方式、适用范围及其与其他概念的关系等，尤其是初中数学教材采用交叉编排、螺旋上升的结构体系，如何承上启下、体现知识之间的联系，使学生能快速同化或者顺应，构建自己的认知结构是非常重要的。为此，教师在进行结构化思考时需要前后照应，注意课与课的衔接，抓住重点。

（二）3 条主线

1. 整体到局部的策略，按照"宏观—中观—微观"的线索来分析

首先，整体研读教材，对整个初中阶段或者高中阶段的数学教材结构体系进行梳理，理清教材间的联系。其次，掌握本学期讲授的教材基本内容、各章节间的关系，思考这种安排的目的，明确其中渗透的数学思想、方法等。再次，对各章内容仔细研读，找出贯穿其中的主线，把握各节内容的内在联系，从而把握本章的教学重难点和关键点。最后，进行教材课时分析。

2. 局部到整体的策略，按照"微观—中观—宏观"的线索来分析

在前面分析的基础上，教师从课时分析入手，思考其在本章、本书、本学段乃至整个学习历程中的地位、作用。从正反两个方面仔细研读教材，经过几次循环往复后，教师可以做到对教材的深刻理解和把握，进而结构化地把握教材内容。

3. 从历史视角主线分析教材

从数学学科知识结构来分析教材，最好的方式是教师对数学内容知识做系统化、结构化的理解。因此，从历史的视角来分析钻研教材不失为一条路径。这需要教师知道中学数学教材中核心概念和定理的来龙去脉和直观意义，使中学数学概念、原理与高等数学对接，切实把握蕴藏在中学教材背后的数学思想和数学精神。

三、生活化策略

数学来源于生活，反过来又应用于生活，这是中学数学教材呈现的主旋律。强调数学与现实生活的联系，一方面是因为数学教师的数学应用意识不强，重视不够；另一方面也是为了提高学生对数学的学习兴趣。对生活化策略的理解分两个角度：生活数学化与数学生活化。两者之间的一个共同特点就是将"数学"作为重要连接点，"数学化"与"生活化"是不矛盾的，两者可以和谐地统一于数学教学之中。在分析教材时，教师可采取两个策略：生活数学化策略与数学生活化策略。

（一）生活数学化策略

生活数学化策略也称为"举三反一"策略，是合情归纳的过程。人们认识事物的发展规律，往往都是从特殊开始的，通过几个特例寻找共同属性，提出一般化的命题猜想，然后进行演绎证明。没有数学化就没有数学，当然在数学化的过程中要注意适度，数学化是渐进的。弗赖登塔尔把"数学化"作为数学教学的基本原则之一，认为现实生活是数学知识的原型。例如，初中数学教材"函数"部分，无论是一次函数还是反比例函数、二次函数、三角函数，绝大多数版本的教材是通过不同类型的实例，如图像的、表格的、解析式的，向学生展示不同函数所反映的运动变化的规律。例如，在高中数学必修 1 中，函数概念引入炮弹发射问题、臭氧层空洞问题、恩格尔系数问题 3 个实例，进而归纳得出函数的概念。

（二）数学生活化策略

数学生活化主要是数学知识应用的过程。中国科学院院士、数学家姜伯驹曾说："随着计算机科学的发展，数学渗入各行各业，得到广泛的应用。数学已从幕后走到台前，在很多地方直接为社会创造价值，已成为一种关键性的、普遍使用的、增强能力的技术。"高度抽象是数学的本质属性，正是这个特征使学生不理解数学、害怕数学，为此需要我们使用数学的另外一个特征"广泛的应用性"来弥补，以增强学生举一反三的能力，尤其是增强学生面对陌生环境的处理应用能力。国内外教科书大多比较重视数学应用，如澳大利亚 HMZ 教科书明确用"applications"（应用），而我国的人民教育出版社初中数学教材也单列有"综合应用"部分。中国和澳大利亚教科书中这两部分的习题数量占各自习题总量的比重分别为 36% 与 38.5%。日本教科书设置数学生活化的目的在于发展学生的应用意识和应用能力，更好地应对熟悉的乃至陌生的环境，达到"通一例，会一片"，真正把数学学活、学好、使用好。

四、主体化策略

数学教学应当是数学思维活动的教学。因此，教师分析教材就不能无视教材的主要使用者——学生。教材虽然经典，但也不可能是放之四海而皆准的"万能书"。在编写教材时，编写者虽然考虑了学生的身心发展，但随着时代发展，教材未必能及时改版，教师需要考虑当下学生的需要，从学生的认知逻辑来挖掘教材，使其服务于学生的学习。因此，在分析教材时，教师要换位思考，模拟当下学生的学习过程，回顾以前自己学习时的困惑，站在学生的角度分析：教材呈现是否切合学生的生活现实、数学现实及其他学科现实；出发点是否合适；是否符合学生实际；能否吸引学生的兴趣；学生能否顺利理解教材呈现的主题图、备注、例题和习题；在学习过程中，学生有没有困难，如果有，困难在什么地方，这些困难是如何产生的，需要怎样点拨等。教师只有把教材中学习的新内容与学生头脑中原有的认知结构相联系，活化出一幅幅学生学习的场景，才会有助于学生产生有意义的学习，从而产生新的认知结构，使教材真正成为学生学习的认知地图，把"学术形态""教学形态"的知识转化为"学习形态"的知识，恰当地处理学习内容、学习活动与学习过程三者的关系。

　　教师要根据学校、班级学生的实际情况，适时重构教材内容，使其更加贴近本班学生的生活实际。教师只有对学生有"同情"的理解和理解的"同情"，才能更好地分析教材、活化教材，找到更适合学生的设计之路，使教材真正成为学生学习的载体。同时，在运用主体化策略分析教材时，教师要充分考虑到不同能力学生的学习能力，做好规划，在照顾学习能力不足的学生的同时，也考虑到学习能力好的学生的发展。因此，教师在问题设置、作业布置等方面要做到具有层次性，使得学习能力不足的学生"吃饱"，学习能力好的学生"吃好"，避免"因材施教"成为一句空话。

五、教学程序化策略

　　教师在静态分析教材时，应该预先设想到数学课堂教学的动态流程。综观国内外数学教材，任何数学教材的任何内容均隐藏着一条教学逻辑主线。试想一下，教材中的主题图或者教材前面的引例不正是教师课堂引入的实际案例吗？在美国、澳大利亚与英国的数学教材中，每章之前都设置复习旧知的部分；在中国的数学教材中，有部分知识也是从旧知识切入的，这本身对应着复习旧知环节或者旧知引新知。教材中归纳概括出来的新概念、新命题、新方法，是课堂需要学习的核心内容。紧接其后的是，在每个国家教材中均呈现的例题，给学生以示范引领，给予学生以模仿的素材。例如，澳大利亚教材中所有的例题都是分栏设计的，左边是"文字步骤"（step），右边是对应的"数学解答"（solution），在教材中展现了两种表征系统，使学生理解原理，有些教材还附有一些注意事项等。接下来是巩固练习。在国内教材中分别有课堂练习和课外练习，并且人民教育出版社版数学教材明确分为"复习巩固""综合运用""拓广探索"3个层次的系统，使练习有层次，以利于下一个环节布置作业。这样，从新课的引入到问题的提出、概念的获得，再到例题的示范、课堂练习，最后是章节总结，都从学生主体出发，构成了一条教学逻辑主线。虽然这些环节有一条教学逻辑主线穿插其中，但是每部分内容未必都按照这条主线来进行，或增或减，实际上这也符合教学方式的多样性。

　　当然，内容不同，教材编写理念不同，教学逻辑主线可能不一样。例如，美国数学教材明确以"探究"为主线来呈现内容，每个小节都由 13 个小探究组成。因此，教师一定要分析清楚教材中隐含的教学逻辑线条，思考这种安排设计的原因，深刻领悟教材编写意图。中学数学教材是静态呈现的，需要教师动态分析。其中，一个重要的途径就是设计好问题，用问题串起课堂才能促进学生主动参与，促进教学的高效率。因此，数学教学设计应当是"基于问题解决"的教学设计。

六、工具化策略

　　当前的中学数学教材不同程度地重视运用现代信息技术，不仅重视利用信息技术来呈现课程内容，更重视信息技术与课程内容的有机整合，这是当今世界各地中学数学教材的一大特色。利用现代信息技术不仅可以给学生提供丰富的学习环境和资源，而且有助于他们把精力集中在问题的思考和探究上，促进学生的数学学习。"多思少算"是信息技术对教材编写及课堂教学的重要影响，教师在分析教材时一定要充分考虑到学生手头的工具。例如，澳大利亚数学教材中出现的无理数的连分数逼近问题，中国数学教材中也出现大量需要使用计算器处理的问题，教师在分析教材时，需要考虑到这一点，使信息技术成为学生学数学、用数学的"云梯"。教师在运用现代信息技术时一定要注意3个问题：什么时候用？用什么工具？达到什么目的？带着这3个问题来看待教材，可以确保信息技术能恰如其分地为教师的教和学生的学提供帮助。

七、纵横比较策略

教材编写得再好，也是一家之言。不可否认的是，正式出版发行的数学教材都是众多数学教育研究者的研究成果和优秀教师教学的智慧结晶。但是不同时期的教材都有其时代背景，不可能年年改、时时换。无数事实证明，教师在教学中对教材的完全盲从和彻底反叛都是极端化的做法，都不利于学生的发展和教学目标的全面实现。教师只有对教材本身进行纵横比较，才能真正发挥其作用。

（一）横向比较

由于我国基础教育教材现在实行"一标多本"制，教师可以多版本比较分析。就初中教材而言，教育部推荐了9套教材，每套教材都有自己的框架特色和处理方式，教师在备课时除了仔细推敲自己所使用的教材外，至少还应该有其他的2套教材，取长补短，博采众长。例如，关于"负负得正"这个知识点，至少有4个版本的教材各有不同的处理方式，分别是类比模型、归纳模型、演绎模型和情景解释模型。条件允许的学校，可以购置部分国外教科书，看国外讲了哪些内容，讲到什么程度；看相同内容，国外教材是如何组织的。教师只有多角度比较，才能实现教材的二次开发，并正确解决教材编写水平与学生接受能力之间的矛盾。

（二）纵向比较

纵向比较即看同一出版社不同时代、不同版次的教材，分析前后教材的变化，尤其是最近新旧版本教材的变化。例如，对比初中数学新旧教材，很显然可以发现新教材中出现了大量的表格和图，如用温度计表示的数轴示意图、用长方形面积表示的多项式乘法法则示意图、用面积拼图法对平方差公式的验证、用数轴表示有理数加法运算的形成过程示意图等。现在教师可以关注《义务教育数学课程标准》（2011年版）之后的新教材。

八、反思性策略

反思性策略是教师选择以机会"最大化"的方式成长的一种策略。教师上课之后重新分析教材的利弊，进行反思性学习。反思不能仅仅停留在口头上，更需要教师切实进行，哪怕每次上课反思一点，认识一点，改进一点，也可以日积月累，积少成多。教师要以研究者的角色查找有待进一步改进的地方：是否达到了预定的教学目标；对学生的分析是否符合学生实际；课堂上生成了哪些资源；这些资源中哪些是自己没有预想到的；如果再设计一次，应该怎样设计。只有如此循环往复，教师才能取得长足的进步。

通过回归自我，凝神考问，教师可以梳理归纳出一种比较完整的分析教材的策略，之后实施、反思、修改。分析教材没有最好，只有更好，因为教学永无止境，课堂教学永远是留有遗憾的，教师要把"追求卓越"作为自己的奋斗目标和追求，讲出令自己更满意的课。只有具备反思能力的教师才能更好地培养出具有反思能力的学生，才能更好地培养具有创新品质的学生。教师经常"回头看"，不断"朝前走"，主要目的是再设计，今日的生成是明日的预设，为下一节平行班的教学甚至下一轮的教学提供一份感性和理性相结合的第一手材料。

以上 8 个分析教材的策略构成一个开放的、循环的教材分析系统。教学目标是分析教材的方向，也是教师课堂教学效果评判的依据，统领决定着其他方面。结构化策略是针对学科内容而言的，生活化策略是针对各学科与生活之间的联系而言的，主体化策略是针对教材的主要使用者——学生而言的，教学程序化策略是针对教师课堂教学而言的，工具化策略是针对信息技术而言的，纵横比较策略是针对教材本身而言的，反思性策略是针对教师个人成长而言的，这些策略都是为了更好地分析教材，提高分析教材的质量。

教师只有吃透教科书的精神与实质，才能不断提高教科书的"附加值"。当然，教材无论设计得怎样科学，怎样完美，怎样利于学生，都需要教师二次重新建构自己的理解，并且最终一定要落实到课堂教学中，以课堂教学实践来检验效果。

第二节 帮助师范生解读课程标准

下面以初中、高中数学课程标准为例，帮助师范生解读课程标准。

一、帮助师范生解读初中数学课程标准

（一）初中数学课程标准的性质

《全日制义务教育数学课程标准（实验稿）》是国家课程的基本纲领性文件，是国家对基础教育数学课程的基本规范和质量要求，规定了国家对国民在数学方面的基本素质要求，它对数学教材、数学教育和评价具有重要的指导意义，是其出发点和落脚点，也是其灵魂。

（二）初中数学课程标准的特点

初中数学课程标准的特点体现在以下几个方面。
1）体现素质教育观念。
2）突破学科中心。
3）引导学生改革学习方式。
4）加强评价改革的指导。
5）拓展课程实施空间。

（三）初中数学课程的基本理念

1）义务教育阶段的数学课程应突出体现基础性、普及性、发展性，使数学面向全体学生，实现人人学有价值的数学，人人都能获得必需的数学，使不同的人在数学上得到不同的发展。

2）数学是人们生活、劳动和学习必不可少的工具，能够帮助人们处理数据、进行运算、推理和证明；数学模型可以有效地描述自然现象和社会现象；数学为其他科学提供了语言、思考和方法，是一切重大技术发展的基础；数学在提高人的推理能力、抽象能力、想象力和创造力等方面有着独特的作用；数学是人类的一种文化。它的内容、思想、方法和语言是现代文明的重要组成部分。

3）学生的数学学习内容应当是现实的、有意义的、富有挑战性的，这些内容有利于学生主动地进行观察、猜测、验证、推理与交流等数学活动。内容的呈现应采用不同的表达方式，以满足多样化的学习需求。有效的数学学习活动不能单纯地依赖于模仿与记忆。动手实践、自主探索与合作交流是学生学习数学的重要方式。

4）数学活动必须建立在学生的认识发展水平和已有的知识、经验的基础之上。教师应激发学生的学习积极性、为学生提供充分参与数学活动的机会，帮助他们在自主探索和合作交流的过程中真正理解和掌握基本的数学知识与技能、数学思想和方法，获得广泛的数学活动经验。学生是数学学习的主人，教师是组织者、引导者与合作者。

5）评价的主要目的是全面了解学生的数学学习历程，激励学生的学习和改进教师的教学；应建立评价目标多元、评价方法多样的评价体系。对数学学习的评价要关注学生学习的结果，更要关注他们学习的过程；要关注学生学习数学的水平，更要关注他们在数学活动中所表现出来的情感和态度，帮助学生认识自我、建立信心。

6）现代教育技术的发展对数学的价值、目标、内容及学与教的方式产生了重大的影响，数学课程的设计与实施应重视运用现代的信息技术，特别要充分考虑计算器、计算机对数学学习内容和方式的影响，大力开发并向学生提供更为丰富的学习资源，把现代信息技术作为学生学习数学和解决问题的强有力工具，致力于改变学生的学习方式，使学生乐意并有更多的精力投入现实的、探索性的数学活动中。

（四）初中数学课程标准设计思路

1．关于学段

为体现义务教育阶段数学课程的整体性,《全日制义务教育数学课程标准（实验稿）》全盘考虑 9 年的教学内容，将时间划分为 3 个学段：第一学段为 1～3 年级；第二学段为 4～6 年级；第三学段为 7～9 年级。

2．关于目标

《全日制义务教育数学课程标准（实验稿）》中刻画知识、技能目标的动词有了解（认识）、理解、掌握、灵活运用。刻画数学活动水平的过程性的目标动词有经历（感受）、体验（体会）、探索。

3. 关于学习内容

《全日制义务教育数学课程标准（实验稿）》中的 4 个学习领域有数与代数、空间与图形、统计与概率、实践与综合应用。6 个学习内容有数感、符号、空间概念、统计观念、应用意识、推理能力。

（五）初中数学课程目标

1. 数学课程总体目标

1）获得适应未来生活和进一步发展所必需的重要数学知识（包括数学事实、数学活动经验），以及基本的数学思想方法和必要的应用能力。

2）初步学会应用数学的思维方式去观察、分析现实社会，去解决日常生活中和其他学科学习中的问题，增强应用数学的意识。

3）体会数学与自然及人类社会的密切联系，了解数学的价值，增进对数学的理解和学好数学的信心。

4）具有初步的创新精神和实践能力，在情感态度和一般能力方面都能得到充分发展。

2. 知识与技能、数学思考、解决问题、情感与态度四者之间的关系

知识与技能、数学思考、解决问题、情感与态度四者是一个密切联系的有机整体，对人的发展具有十分重要的作用，它们是在丰富多彩的活动中实现的。其中，数学思考、解决问题、情感与态度的发展离不开知识与技能的学习，同时，知识与技能的学习必须以有利于其他目标的实现为前提。

（六）初中数学内容标准

1）数与代数包括数与式、方程与不等式、函数，它们都是研究数量关系和变化规律的数学模型，可以帮助人们从数量关系的角度更准确、清晰地认识、描述和把握现实世界。

2）空间与图形的内容主要涉及现实世界中的物体、几何体和平面图形的形状、大小、位置关系及其变换，它是人们更好地认识和描述生活空间并进行交流的重要工具。

3）统计与概率主要研究现实生活中的数据和客观世界中的随机现象，它通过对数据收集、整理、描述和分析，以及对事件发生可能性的刻画，来帮助学生做出合理的推断和预测。

4）实践与综合应用将帮助学生综合运用已有的知识和经验，通过自主探索和合作交流，解决与生活经验密切联系的具有一定挑战性和综合性的问题，以发展他们解决问题的能力，加深学生对数与代数、空间与图形、统计与概率内容的理解，体会各部分内容之间的联系。

（七）初中数学课程实施建议

1. 教学建议

1）让学生经历数学知识的形成与应用过程。

2）鼓励学生自主探索与合作交流。

3）尊重学生的个体差异、满足多样化的学习需要。

4）应让学生关注证明的必要性、基本过程和基本方法。

5）使学生注重知识之间的相互联系、提高解决问题的能力。

6）充分利用现代信息技术。

2. 评价建议

1）注重对学生数学学习过程的评价。

2）恰当评价学生的基础知识与基本技能。

3）重视对学生发现问题、解决问题的评价。

4）评价主体和方法要多样化。

5）评价结果要采用定性与定量相结合的方式呈现。

（八）《义务教育课程标准试验教科书》教学

1. 编写的指导思想

1）以"三个代表"重要思想为指导，遵循邓小平同志关于教育的"三个面向"的指示，根据《中共中央国务院关于深化教育改革，全面推进素质教育的决定》《国务院关于基础教育改革与发展的决定》，全面贯彻党和国家的教育方针，大力推进素质教育。

2）贯彻教育部《基础教育课程改革纲要（试行）》，积极体现《义务教育数学课程标准》的基本理念，依据《义务教育数学课程标准》的教学目标，参照《义务教育数学课程标准》中的编写建议、在科学研究的基础上，从教学改革的实际出发编写教材。

3）正确处理数学、社会、学生三者的关系，适应科学发展的形势，关注社会进步的需求，更新对数学基础知识和基本技能的认识，着眼于学生长远发展，注重培养学生理性精神和创新意识，提高学生发现、提出、分析和解决问题的能力。

4）遵循认识规律，努力为学生创造自主探究、合作交流的空间，为师生营造教学创新的氛围，为师生互动式教学提供丰富的资源。促进现代信息技术与数学课程的整合，改进教材的呈现方式，提高学生学习数学的兴趣。

2. 教科书的特色

教科书注重体现普及性、基础性和发展性，力求突出以下几点。

1）使教科书成为反映科学进步、介绍先进文化的镜子。重视科学、关注文化；注重基础、返璞归真；注重思想、立足发展。

2）突出学生的主体地位，体现学习方式的转变。贴近生活、注重过程；发展思维、引导探索；精编问题、创设情形。

3）改进教科书呈现形式，加强现代信息技术的运用。改进呈现形式，激发学生兴趣；注重信息技术，改进学习手段。

4）教科书的体系结构的一些说明：第一，数与代数领域中主要是最基本的数、式、方程（及不等式）和函数的内容。第二，在注意知识的纵向逻辑结构的前提下，突出重点，适当精简整合。第三，螺旋式上升地呈现重要的概念和思想，不断深化对它们的认识。第四，联系实际，体现知识的形成和应用过程，突出建立数学模型的思想。

5）空间与图形包括图形的认识、图形与坐标、图形与变换、图形与推理等的编排变化。第一，加强数形结合思想的渗透，体现各部分知识间的横向联系。第二，循序渐进地培养推理能力，做好由实验几何到证明几何的过渡。

6）对于统计与概率，学生已有一定的基础，教科书（适合7～9年级学生使用）将内容分专题编排为4章，依次安排在3个年级。编排特点：第一，侧重于统计和概率中蕴含的基本思想；第二，注重实际，发挥案例的典型性；第三，注意与前面学段的衔接，持续地发展提高。

7）实践与综合应用的内容与前文既有密切的联系而又具有综合性。

3. 教科书的教学策略

树立正确的数学教学观，掌握合理的数学教学策略是进行教学改革、搞好数学教学的根本保证。数学的教学策略受教育思想支配、受教育目的和教学内容的制约。

（1）数学教学的本质

数学教学是数学活动的教学，是师生之间、学生之间交往互动与共同发展的过程。

（2）数学教学策略

1）开放式教学法是指在教学中应用各种有效的教学手段、不断激发学生的学习潜能，充分发挥学生的主体作用，使学生真正做到主动地、自主地、创造性地学习的教学方法。其特点是教学形式开放、教学内容开放、教学结构开放。

2）探索式教学法是指以问题为载体，引导学生运用已有的知识、经验，经历知识的形成过程和问题解决过程，以培养学生思维能力为核心的教学方法。其特点是情境性、目标性、自主性、活动性。

3）互动式教学法是指把教育活动看作师生进行一种生命与生命的交往、沟通，把教学过程看作一个动态发展的、教与学统一的、相互影响的重要活动过程。在这个过程中，通过优化教学互动的方式，强化人与环境的相互影响，以产生教学共振，达到提高教学效果的教学方法。其特点是主体参与、情境交融、人际合作、教学相辅。

（3）学生学习策略

1）探究性学习策略是指在数学课堂教学活动中，学生在教师的指导下，用类似科学研究的方式去获取知识、应用知识、解决问题的学习方式。这里，学生的探究学习是在教师的指导下、在班集体教学环境中进行的，它有别于个人在自学过程中自发的、个体的探索活动；而教师是数学学习的组织者、引导者与合作者。学生通过"观察比较—发现、提出问题—做出解决问题的猜想—尝试解答并进行验证"的过程去揭示知识规律，求得问题的解决方法。

2）合作学习策略是指学生在小组或团队中为了完成共同的任务，有明确的责任分工的相互学习的方式。合作学习有助于发挥学生的主体作用，增进合作精神；有助于发展学生的思维能力和语言表达能力；有助于增加学习过程中学生与教师、同学、教材之间的多种方式的互动；有助于教育资源的开发和利用。小组讨论就是其中的一种形式。

3）自主学习策略是学生学习的一种品质，是学生有计划地、主动地、灵活地、有效地学习的方式。行为主义心理学家认为，自主学习包括 3 个过程：自我监控、自我指导、自我强化。自我监控是指学生针对自己的学习过程所进行的一种观察、审视和评价；自我指导是指学生争取那些促使学习趋向、学习结果的行为，包括制订计划、选择适当的学习方法等；自我强化是指学生根据学习结果为自己做出奖赏和惩罚，以利于积极学习得以维持或促进的过程。对初中学生来说，重在教师引导，学生自主学习。

二、帮助师范生解读高中数学课程标准

（一）高中数学课程框架

高中数学课程分必修和选修两种。必修课程由 5 个模块组成；选修课程有 4 个系列，其中系列 1、系列 2 由若干模块组成，系列 3、系列 4 由若干专题组成；每个模块 2 学分（36 学时），每个专题 1 学分（18 学时），每两个专题可组成 1 个模块。

1. 必修课程

必修课程是每个学生都必须学习的数学内容，包括 5 个模块。
数学 1：集合、函数概念与基本初等函数 I（指数函数、对数函数、幂函数）。
数学 2：立体几何初步、平面解析几何初步。
数学 3：算法初步、统计、概率。
数学 4：基本初等函数 II（三角函数）、平面上的向量、三角恒等变换。
数学 5：解三角形、数列、不等式。

2. 选修课程

对于选修课程，学生可以根据自己的兴趣和对未来发展的愿望进行选择。选修课程由系列 1、系列 2、系列 3、系列 4 组成。
系列 1：由 2 个模块组成。选修 1-1：常用逻辑用语、圆锥曲线与方程、导数及其应用。选修 1-2：统计案例、推理与证明、数系的扩充与复数的引入、框图。
系列 2：由 3 个模块组成。选修 2-1：常用逻辑用语、圆锥曲线与方程、空间中的向量与立体几何。选修 2-2：导数及其应用、推理与证明、数系的扩充与复数的引入。选修 2-3：计数原理、统计案例、概率。
系列 3：由 6 个专题组成。选修 3-1：数学史选讲。选修 3-2：信息安全与密码。选修 3-3：球面上的几何。选修 3-4：对称与群。选修 3-5：欧拉公式与闭曲面分类。选修 3-6：三等分角与数域扩充。
系列 4：由 10 个专题组成。选修 4-1：几何证明选讲。选修 4-2：矩阵与变换。选

修 4-3：数列与差分。选修 4-4：坐标系与参数方程。选修 4-5：不等式选讲。选修 4-6：初等数论初步。选修 4-7：优选法与试验设计初步。选修 4-8：统筹法与图论初步。选修 4-9：风险与决策。选修 4-10：开关电路与布尔代数。

3. 关于课程设置的说明

（1）课程设置的原则与意图

必修课程内容确定的原则：满足未来公民的基本数学需求，为学生进一步的学习提供必要的数学准备。

选修课程内容确定的原则：满足学生的兴趣和对未来发展的需求，为学生进一步学习、获得较高数学修养奠定基础。其中，系列 1 是为那些希望在人文、社会科学等方面发展的学生设置的，系列 2 则是为那些希望在理工、经济等方面发展的学生设置的。系列 1、系列 2 的内容是选修系列课程中的基础性内容。系列 3 和系列 4 是为对数学有兴趣和希望进一步提高数学素养的学生设置的，所涉及的内容反映了某些重要的数学思想，有助于学生进一步打好数学基础，提高应用意识，有利于学生终身的发展，有利于扩展学生的数学视野，有利于提高学生对数学的科学价值、应用价值、文化价值的认识。其中的专题将随着课程的发展逐步予以扩充，学生可根据自己的兴趣、志向进行选择。系列 3 不作为高校选拔考试的内容，对这部分内容学习的评价适宜采用定量与定性相结合的方式，由学校进行评价，评价结果可作为高校录取的参考。

（2）数学探究、数学建模、数学文化内容的设置

高中数学课程要求把数学探究、数学建模的思想以不同的形式渗透在各模块和专题内容之中，并在高中阶段至少安排较为完整的一次数学探究、一次数学建模活动。高中数学课程要求数学文化内容与各模块的内容有机结合。

（3）模块的逻辑顺序

必修课程是选修课程中系列 1、系列 2 的基础。选修课程中系列 3、系列 4 基本上不依赖其他系列的课程，可以与其他系列课程同时开设，这些专题的开设可以不考虑先后顺序。必修课程中，数学 1 是数学 2、数学 3、数学 4 和数学 5 的基础。

（4）系列 3、系列 4 课程的开设

学校应在保证必修课程，选修系列 1、系列 2 课程开设的基础上，根据自身的情况，开设系列 3 和系列 4 中的某些专题，以满足学生的基本选择需求。学校应根据自身的情况逐步丰富和完善并积极开发、利用校外课程资源（包括远程教育资源）。对于课程的开设，教师也应该根据自身条件制订个人发展计划。

4. 对学生选课的建议

学生的兴趣、志向与自身条件不同，不同高校、不同专业对学生数学方面的要求也不同，甚至同一专业对学生数学方面的要求也不一定相同。随着时代的发展，无论是在自然科学、技术科学等方面，还是在人文科学、社会科学等方面，都需要一些具有较高数学素养的学生，这对于社会、科学技术的发展都具有重要的作用。据此，学生可以选择不同的课程组合，选择以后还可以根据自身的情况和条件进行适当的调整。以下提供

课程组合的几种基本建议。

1）学生完成 10 个学分的必修课程，在数学上达到高中毕业的要求。

2）在完成 10 个必修学分的基础上，希望在人文、社会科学等方面发展的学生，可以有两种选择：一种是在系列 1 中学习选修 1-1 和选修 1-2，获得 4 学分；在系列 3 中任选 2 个专题，获得 2 学分，共计 16 学分。另一种是如果学生对数学有兴趣，并且希望获得较高数学素养，除了按上面的要求获得 16 学分，还可在系列 4 中获得 4 学分，总共获得 20 学分。

3）希望在理工（包括部分经济类）等方面发展的学生，在完成 10 个必修学分的基础上，可以有两种选择：一种是在系列 2 中学习选修 2-1、选修 2-2 和选修 2-3，获得 6 学分；在系列 3 中任选 2 个专题，获得 2 学分；在系列 4 中任选 2 个专题，获得 2 学分，共获得 20 学分。另一种是如果学生对数学有兴趣，希望获得较高数学素养，除了按上面的要求获得 20 学分，还可在系列 4 中选修 4 个专题，获得 4 学分，总共获得 24 学分。

课程的组合具有一定的灵活性，不同的组合可以相互转换。学生做出选择之后，可以根据自己的意愿和条件向学校申请调整，经过测试获得相应的学分即可转换。

（二）高中数学课程的基本理念

1. 构建共同基础，提供发展平台

高中教育属于基础教育。高中数学课程应具有基础性，它包括两个方面的含义：第一，在义务教育阶段之后，为学生适应现代生活和未来发展提供更高水平的数学基础，使他们获得更高的数学素养；第二，为学生进一步学习提供必要的数学准备。高中数学课程由必修系列课程和选修系列课程组成，必修系列课程是为了满足所有学生的共同数学需求；选修系列课程是为了满足学生的不同数学需求，它仍然是学生发展所需要的基础性数学课程。

2. 提供多样课程，适应个性选择

高中数学课程应具有多样性与选择性，使不同的学生在数学上得到不同的发展。高中数学课程应为学生提供选择和发展的空间，为学生提供多层次、多种类的选择，以促进学生的个性发展和对未来人生规划的思考。学生可以在教师的指导下进行自主选择，必要时还可以进行适当的转换、调整。同时，高中数学课程也应给学校和教师留有一定的选择空间，他们可以根据学生的基本需求和自身的条件，制订课程发展计划，不断地丰富和完善供学生选择的课程。

3. 倡导积极主动、勇于探索的学习方式

学生的数学学习活动不应只限于接受、记忆、模仿和练习，高中数学课程还应倡导自主探索、动手实践、合作交流、阅读自学等学习数学的方式。这些方式有助于发挥学生学习的主动性，使学生的学习过程成为在教师引导下的"再创造"过程。同时，高中数学课程应设立"数学探究""数学建模"等学习活动，为学生形成积极主动的、多样的学习方式进一步创造有利的条件，以激发学生的数学学习兴趣，鼓励学生在学习过程中，养成独立思考、积极探索的习惯。高中数学课程应力求通过各种不同形式的自主学习、探究活动，让学生体验数学发现和创造的历程，发展他们的创新意识。

4. 注重提高学生的数学思维能力

高中数学课程应注意提高学生的数学思维能力，这是数学教育的基本目标之一。人们在学习数学和运用数学解决问题时，不断地经历直观感知、观察发现、归纳类比、空间想象、抽象概括、符号表示、运算求解、数据处理、演绎证明、反思与建构等思维过程。这些过程是数学思维能力的具体体现，有助于学生对客观事物中蕴含的数学模式进行思考和做出判断。数学思维能力在形成理性思维中发挥着独特的作用。

5. 发展学生的数学应用意识

20 世纪下半叶以来，数学应用的巨大发展是数学发展的显著特征之一。在当今的知识经济时代，数学正在从幕后走向台前，数学和计算机技术的结合使数学能够在许多方面直接为社会创造价值，同时，也为数学发展开拓了广阔的前景。我国的数学教育在很长一段时间内对于数学与实际、数学与其他学科的联系未能给予充分的重视，因此，高中数学在数学应用和联系实际方面需要大力加强。近几年来，我国大学、中学数学建模的实践表明，开展数学应用的教学活动符合社会需要，有利于激发学生学习数学的兴趣，有利于增强学生的数学应用意识，有利于扩展学生的视野。

高中数学课程应提供基本内容的实际背景，反映数学的应用价值，开展数学建模的学习活动，设立体现数学某些重要应用的专题课程。高中数学课程应力求使学生体验数学在解决实际问题中的作用、数学与日常生活及其他学科的联系，促进学生逐步形成和发展数学应用意识，提高实践能力。

6. 与时俱进地认识"双基"

我国的数学教学具有重视"双基"（基础知识、基本技能）和能力培养的传统，21 世纪的高中数学课程应发扬这种传统。与此同时，随着时代的发展，特别是数学的广泛应用、计算机技术和现代信息技术的发展，数学课程设置和实施应重新审视基础知识、基本技能和能力的内涵，形成符合时代要求的新的"双基"。例如，为了适应信息时代发展的需要，高中数学课程应增加算法的内容，把最基本的数据处理、统计知识等作为新的数学基础知识和基本技能；同时，应删减烦琐的计算、人为技巧化的难题和过分强调细枝末节的内容，克服"双基异化"的倾向。

7. 强调本质，注意适度形式化

形式化是数学的基本特征之一。在数学教学中，学习形式化的表达是一项基本要求，但是不能只限于形式化的表达，要强调对数学本质的认识，否则会将生动活泼的数学思维活动淹没在形式化的海洋里。数学的现代发展也表明，全盘形式化是不可能的。因此，高中数学课程应该返璞归真，努力揭示数学概念、法则、结论的发展过程和本质。数学课程要讲逻辑推理，更要讲道理，通过典型例子的分析和学生自主探索活动，使学生理解数学概念、结论逐步形成的过程，体会蕴含在其中的思想方法，追寻数学发展的历史足迹，把数学的学术形态转化为学生易于接受的教育形态。

8. 体现数学的文化价值

数学是人类文化的重要组成部分。数学课程应适当反映数学的历史、应用和发展趋势，数学对推动社会发展的作用，数学的社会需求，社会发展对数学发展的推动作用，数学科学的思想体系，数学的美学价值，数学家的创新精神。数学课程应帮助学生了解数学在人类文明发展中的作用，逐步形成正确的数学观。为此，高中数学课程提倡体现数学的文化价值，并在适当的内容中提出对"数学文化"的学习要求，设立"数学史选讲"等专题。

9. 注重信息技术与数学课程的整合

现代信息技术的广泛应用正在对数学课程内容、数学教学、数学学习等方面产生深刻的影响。高中数学课程应提倡实现信息技术与课程内容的有机整合（如把算法融入数学课程的各个相关部分），整合的基本原则是有利于学生认识数学的本质。高中数学课程应提倡利用信息技术来呈现以往教学中难以呈现的课程内容，在保证笔算训练的前提下，尽可能使用科学型计算器、各种数学教育技术平台，加强数学教学与信息技术的结合，鼓励学生运用计算机、计算器等进行探索和发现。

10. 建立合理、科学的评价体系

现代社会对人的发展的要求引起评价体系的深刻变化，高中数学课程应建立合理、科学的评价体系，包括评价理念、评价内容、评价形式和评价体制等方面。评价既要关注学生数学学习的结果，也要关注他们数学学习的过程；既要关注学生数学学习的水平，也要关注他们在数学活动中所表现出来的情感态度的变化。在数学教育中，评价应建立多元化的目标，关注学生个性与潜能的发展。例如，过程性评价应关注对学生理解数学概念、数学思想等过程的评价，关注对学生数学的提出、分析、解决问题等过程的评价，以及在过程中表现出来的与人合作的态度、表达与交流的意识和探索的精神。对于数学探究、数学建模等学习活动，要建立相应的过程评价内容和方法。

第三节　规范师范生板书

板书是教师运用在黑板或其他展示媒介上书写文字符号或绘图等方式向学生呈现教学内容，分析认识过程，使知识概括化和系统化，帮助学生正确理解，并增强记忆，提高教学效率的一类教学行为。板书是辅助教师完成教学任务的重要手段之一，是教师在教学过程中，配合语言、多媒体等，运用文字、符号、图表向学生传播信息的教学行为方式。板书是教师必备的基本教学技能。因此，规范师范生的板书是十分必要的。

一、板书在教学中的作用

（一）凸显教学主要内容

板书可以展现教师对教学内容的概括，是提纲挈领地反映教学内容的书面语言，可以讲述知识层次，体现教学要点，概括总结重点内容，展现主要教学内容框架。板书通常是教师在上课之初就已做好规划，并根据内容层级，逻辑性地展现出课程内容并突出教学重点与难点。

（二）帮助学生理解讲述内容

板书与讲授相配合可以通过视觉和听觉双重强化所讲授的知识，帮助学生理解记忆学习内容。而且，由于数学的学科特点，在课堂教学中有大量的定理、公式需要证明或推演，还需要图形、坐标等的绘制。仅依靠教师讲授是难以达到应有的学习效果的，如较复杂的数学公式或几何图形，教师通过描述向学生传输信息，学生难以理解，但通过板书可以较为直观地呈现。因此，板书是帮助学生形象化、具体化理解课堂内容的重要工具。

（三）集中学生注意力

视觉和听觉的配合，可以更好地集中学生的注意力，延缓学生的疲劳，充分利用学生的有意注意和无意注意。此外，板书的形式是多样的，可以包含图形、表格、符号等，精心设计的板书可以高度吸引学生的兴趣，而兴趣是最好的老师，在兴趣驱使下的学习课堂是高效的，是可以激发学生主动学习、主动求知的主观能动性的。

（四）强化学生记忆

板书可以帮助学生提炼课堂重点，复习主要内容，强化记忆。板书记录了课程中所教授的知识，反映的是一节课的内容，板书往往将所教授的知识浓缩成课程纲要，并体现课程中的重点、难点、要点，不仅有利于学生在课程中理解学习内容，记录学习内容，便于课后复习，也有利于教师在课程结尾总结主要知识，帮助学生当堂巩固知识，了解学习重点并在课后提供理解、回忆知识的线索。教师板书的内容往往就是学生课堂笔记的主要内容，板书可以帮助学生了解哪些内容是要重点记录并掌握的，而重点分明的课堂笔记可以为学生课后复习强化起到指导和提示的作用。

二、板书应遵循的原则

（一）简洁明了

板书应简洁明了，切忌长篇大论、重点模糊、内容繁多，板书应起到帮助学生快速掌握学习重点的作用，内容繁杂的板书反而会使学生对课程主体内容感到混乱，会阻碍学生理解所学知识,造成学生的视觉疲劳,不便于学生集中注意力。教师应避免将全部讲授内容体现在板书当中,要控制板书的字数。把所讲授的都以文字的形式体现在黑板上的板书与没有板书是几乎相同的效果。板书应以体现教学主要内容、层次清晰、便于理解为最佳。

（二）字迹工整

教师的板书应以楷书为主。教师书写板书的目的是帮助学生掌握学习重点,提高教学效果。板书非艺术作品,因此,教师板书宜字迹工整,便于识别。有些教师虽然字迹艺术性强,但学生常常难以识别其板书内容,这样就使板书不能起到应有的教学作用。教师的板书应该规范、准确、整齐、美观,切忌龙飞凤舞、信手涂抹,自造简化字。此外,板书字迹的大小也要适中,字迹过大,会使书写速度缓慢,而且书写字数有限;字迹过小,坐在后排的学生可能难以看清板书内容,因此,字迹的大小要能够保证全体学生都看清楚。

（三）格式规范

板书的格式是多样的,但并不代表板书格式可以随意发挥,在教学实践过程中,板书的格式也已具有规范体系,良好的格式可以更直观地传达课程内容。本节后面会对主要的板书格式加以介绍。

（四）符合逻辑

板书应符合人的认知逻辑,应由浅入深、由简入难、由大到小、由粗到细,层层推进、级级深化。板书要引导学生把握教学重点,全面系统地理解教学内容。因此,教师应在上课以前梳理课程内容,做好计划,要依据教学进程、教学内容的顺序与逻辑关系,做到重点突出、详略得当、条理清楚、层次分明,力争在有限的课堂时间内,使学生能够纵观全课、了解全貌、抓住要领。板书要利用学生的思维逻辑特点,以提高课堂效率和学习效果。例如,数列通项公式求法的板书如图 1-1 所示。

直接法 ▷ 公式法 ▷ 归纳猜想 ▷ 累乘法 ▷ 迭代法 ▷

对数法 ▷ 倒数法 ▷ 待定系数法 ▷

图 1-1　数列通项公式求法的板书

（五）吸引力强

板书应能够吸引学生的注意力,帮助学生产生对课程的兴趣,并在课后给学生留下鲜明深刻的印象。精心设计的板书,是极富有趣味和吸引力的,可以给学生带来美的体验,激起学生的求知欲望,加深学生对教学内容的理解和记忆,减缓学生疲劳,刺激思维活跃性,延长注意力集中时间,激发学生自主学习的热情。

（六）提前计划

板书是要在上课以前的备课阶段就计划好的，板书应以何种格式进行，如何推进是符合逻辑、适宜学生理解记忆的，在板书中应体现哪些内容，应写在黑板的什么位置，哪些是可以擦除的，哪些是要留到最后进行回顾总结的等，都要提前计划好，不能上课时临时起意，随意发挥。随机完成的板书，势必缺乏规范性、条理性，不利于学生理解课程内容，了解课程重点。而且，部分纲领性或概念性的内容可在上课之前完成，以节省上课时间，也便于学生提前了解本节课程内容。提前计划的板书更具条理性、趣味性、逻辑性，可以更好地发挥辅助教学作用。

三、板书的主要形式

1. 层级式板书

层级式板书显示出知识的层级关系，一般为由概括到具体或由总体到分支的形式。这种板书形式可以帮助学生明确课程主要内容，建立内容之间的逻辑关系概念。以小学数学为例的层级式板书如图 1-2 所示。

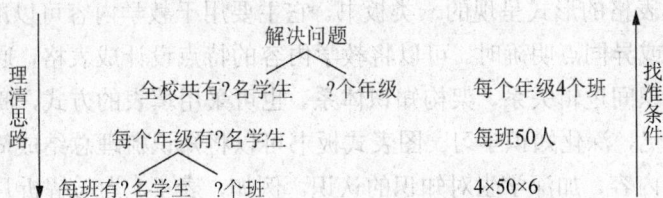

图 1-2　以小学数学为例的层级式板书

2. 线索式板书

线索式板书是指以知识生成过程为逻辑线索，为突出教学内容而设计的板书形式。这种形式的板书便于帮助学生构建知识体系，引导性强，思路明确，可以简化内容，突出逻辑，有助于学生理清知识结构，把握知识重点，了解知识的脉络，亦便于课后的回顾和复习。例如，在学习小数的性质时可书写如图 1-3 所示的板书。

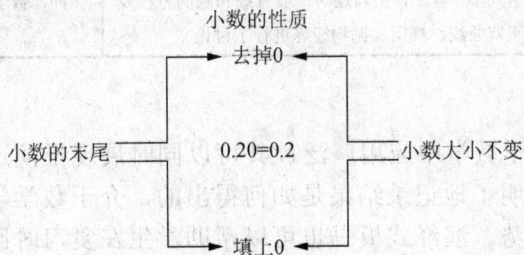

图 1-3　以小数的性质为例的线索式板书

3. 提纲式板书

提纲式板书是运用简洁的重点词句，分层次、按部分地列出教材的知识结构提纲或者内容提要。提纲式板书可以展示出课程主要内容，条理清晰，结构明了，便于学生理清学习重点，构建知识体系。例如，讲授一元一次方程时的板书如图 1-4 所示。

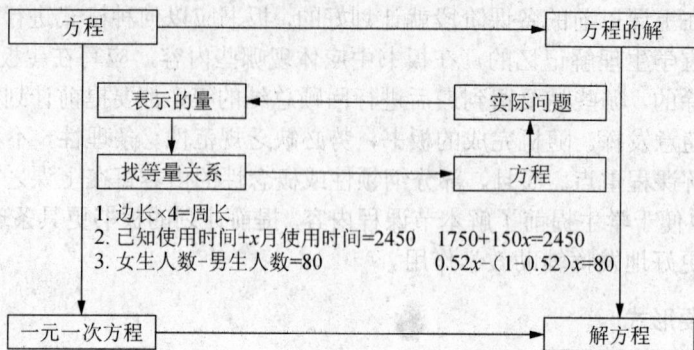

图 1-4　以一元一次方程为例的提纲式板书

4. 图表式板书

图表式板书是指运用各类图表，清晰地将学习内容分类，将教学内容的重点与知识间的对比关系以表格的形式呈现的一类板书。它主要用于教学内容可以准确分类，具有较强的对比性，或异同点明确时。可以将教学内容的特点设计成表格，通过纵向横向双向对比，归纳知识间逻辑关系，架构知识体系。也可采用填表的方式，激发学生自主思考，强化知识记忆，深化知识学习。图表式板书可以将知识梳理总结成简明的表格，便于直观掌握知识内容，加深学生对知识的认识。例如，表 1-1 为与解析几何创立有关的主要数学家的图表式板书。

表 1-1　与解析几何创立有关的主要数学家的图表式板书

国籍	姓名	主要贡献	备注
法国	笛卡儿	最杰出的成就是创立了解析几何学，他的这一成就为微分学的创立奠定了基础	著名哲学家、科学家和数学家
	费马	费马独立于笛卡儿发现了解析几何的基本原理（比笛卡儿早 7 年），费马还对一般直线和圆的方程及关于双曲线、椭圆、抛物线等进行了讨论	律师、数学家

5. 演绎式板书

演绎式板书在数学教学中应用广泛，其可以同时展现推演过程，便于学生理解解题步骤，并能清楚明了地记录结果是如何得出的，介于数学学科特点，演绎式板书具有不可替代的优势。演绎式板书也可以帮助学生在复习时回顾教师的解题推演程序。而且，演绎式板书可以有序地逐步展示思维过程，帮助学生学习思维方式，为学生的自主解题提供思考方向和推演方法。数学中的计算题、证明题、应用题、作图题等都可以使用这种板书，辅助教师进行。图 1-5 为以圆锥的体积的求法为例的演绎式板书。

圆锥的体积

$$V_{柱}=3V_{锥}=sh$$

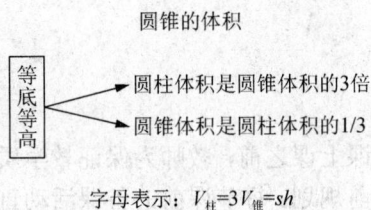

图 1-5　以圆锥的体积的求法为例的演绎式板书

字母表示：$V_{柱}=3V_{锥}=sh$

四、多媒体的使用

当今课堂是现代化的课堂，高科技的使用提升了课堂效率，帮助学生更形象化、更加深入地掌握所学知识。使用多媒体设备来展现板书的内容，与传统板书相比有很多优势。

1. 更加形象化、标准化

使用多媒体可以将所讲述的内容以图像的形式展现给学生，如在讲述图形时，教师可以将运用多媒体制作的图形形象、标准地展现给学生。

2. 可以采用动态模式

动态模式可以更加直观地展现解题过程，推演程序，而且动态图像与静态图像相比更直观、更形象、更易于被学生理解。

3. 更具吸引力

多媒体可以插入图形、动画、声音等，使所要讲述的内容更具吸引力，缓解学生疲劳，刺激学生的视觉、听觉，有利于学生集中注意力，提高学习效率。

4. 节省时间

使用多媒体可以在课前就完成板书，避免占用上课时间。

5. 便于回顾

传统黑板的空间有限，需要教师及时擦除，多媒体课件却具有随时再现的优势。

第四节　指导师范生备课

一、备课的意义和作用

备课是指教师在上课之前所做的准备工作，包括研究、学习教材，整理上课内容，规划教学活动等。备课是教学的基础，是教学的首要环节，是能否有计划地完成课程教学的关键。备课不是单一的对教学知识的预习和规划，而是多方位、多角度的，在备课中要做到"脑中有课标，心中有课程，眼中有学生，手中有教法"。备课是教师教学活动中必不可少的环节，如何进行备课，应提前掌握哪些内容，都有一定的规律。

二、备课的类别

（一）课时备课

课时备课是指在每一节课上课之前，教师为保证教学质量所做的课前准备工作，其目的在于对每一节课进行提前规划。每节课前的备课活动直接关系到课程的质量，是每节课前教师的必要功课。课时备课主要针对某一节课，其内容包括教法、知识、时间安排、板书设计、教具等。

（二）单元备课

单元备课是指根据教材的单元划分，在开始每个单元的教学以前，对单元的主要内容做出教学工作的安排。与课时备课相比，单元备课比较概括，主要是对完成教学任务的时间做出安排，系统地规划一个单元教学任务的完成时间。单元备课不仅要做课时规划，还应大概规划每一节课的教学内容。

（三）学期备课

学期备课是指为规划学期或学年的教学工作，而在学期或学年开始以前进行的学期或学年的分析教学大纲、教材，掌握学生情况，计算总学时，预定考试或考查时间等工作。学期备课是针对整个学期或学年的教学工作进行的，不会细化到每一节课如何去完成，但对整个在学期或学年的教学工作的开展有很大帮助，是纲领性的计划，也是一个学期或一个学年的工作方向和指导。

三、备课的程序

（一）明确课程标准

课程标准是依据教育部颁发的《基础教育课程改革纲要（试行）》的相关要求制定的，是国家对教程的基本规范和要求，是国家管理和评价课程的基础，是规定某一学科课程性质、目标内容、目标实施建议的教学指导性文件。研究课程标准，可以把握某一学科的性质和地位，理解某一学科的根本教学理念，体会教材编写思路并系统地理解课程，研究课标，把握教学目标，创造性地使用教材。此外，新课程标准中有大量的教学案例可以学习借鉴，其给出了比较详细的案例描述，对课程的准备工作具有启发作用，也可以帮助教师更好地把握课程的内容和教学目标。

（二）细致研读教材

对教材的内容要精读，并细致研究，对于教材应反复阅读。研读教材通常应有粗读、细读、精读三个过程。初次阅读教材时，应通读一遍，了解课程的主要内容，明确课程结构，掌握知识内在联系，揣摩教材编者的意图等。反复阅读教材时，要更具有目的性，应明确教材中的重点、难点、教学目标等。特别是对教材中的公式、公理、定义等要反复研读，找出关键词句，明确相关知识的本质属性、逻辑结构。研读教材的同时应着重预测学生对于哪一部分的知识会比较难以理解和掌握，在哪些部分存在思维难点，在学习过程中可能遇到什么难题、阻碍等。对于教材中的习题，应反复揣摩出题思路、要点、模式等，并总结解题思维方法，以及解题的关键和突破口等。

（三）查阅相关资料

应广泛地查阅相关的资料、文献和书籍，辅助资料的研读不仅可以帮助教师理解掌握教材中的内容，更为深入地理解教学内容，而且可以帮助教师借鉴他人教学经验。例如，教学参考书是对教材的补充和说明，它对整个教材的教学目标、重点、难点等进行了分析和总结，可以辅助教师更高效地进行课程预习和规划。此外，对相关教学经验的学习，也可以帮助教师提高自己的教学水平，完善课堂规划设计，使教学少走或尽可能不走弯路，提升教学效果。

（四）了解学生情况

好的教学效果的达成仅靠教师的努力是远远不够的，还需要学生的密切配合，如果学生在主观上对学习的内容没有兴趣，对掌握知识也没有动力，那么教师即便对教学内容做再多的准备也是徒劳的。因此，教师在备课的时候不仅要关心在课堂上教授什么，还要关心学生的心理状态、学习能力、知识基础等。

首先，应了解班级的学生基本情况，包括学生的家庭环境、心理状况、健康情况、思想品德表现等，可以通过查阅档案、谈话、检测分析等来掌握相关信息。

其次，应了解学生原有的知识基础和学习能力。除了了解全体学生的平均学习能力、知识基础外，还应了解学习基础能力较强的学生和学习基础能力较弱的学生。在备课当中，不仅要考虑大多数学生，还应适当照顾学习基础能力处于两极的学生。

再次，应了解学生对教学方法的期望和建议，好的教学方法可以提升教学效果。教学方法要根据学生的具体情况进行选择，并没有固定模式，要充分了解分析学生群体对教学方法的要求和期望。可以通过访谈、借鉴已有经验并与实际情况结合、观察总结等方式实现。

最后，教师在备课时应研究学生的学科认知特点和规律。已有信息、经验可以给教师提供帮助和指导，学习好的教学经验，规避已有教学教训，可以帮助教师少走甚至尽可能不走弯路。研究学生学科认知特点及规律，有助于教师快速了解学生在学习过程中的重点、难点和突破口。

（五）制定教学目标

教学目标可以帮助教师更有指向性地完成教学工作，目标的制定可以保证教学更有规划性、目的性地进行。教学目标要综合学生情况、教学内容、教学任务、以往经验等分析确定，要兼具适宜性和可行性，不能过高也不能过低，过高的目标难以实现，没有现实意义，过低的目标没有起到激励、引导的作用。而且，目标应切实可行，要细化，不能空谈，如定下目标让全班学生在这堂课结束时都能基本掌握所学知识点，这样的目标就不够具体，不具有可行性，而应定下诸如这样的目标：知识点教授完毕后，确保每位学生针对这一知识点练习 3 道以上习题，并保证其理解，可以正确解答。目标要尽可能合理、具体，具有指导、引领教学的意义。

（六）确定教学重点、难点

教学重点是指教学中贯穿全局、承上启下、起核心作用的内容，它是由教材本身所处的地位和作用来确定的。通常教材中的概念、定理、公式、法则及其推导和重要应用，各种技能技巧的培养和训练，解题的重要突破口和方法，图形的制作和描绘等都可确定为重点。教学难点是指教学内容中，学生难以掌握，在日常生活中运用较少，脱节较为严重，理解困难，与通常思维方式不同，缺乏直观性的知识等。通常教学难点是新的概念、抽象的图形、复杂的应用等，需要教师着重讲解，反复思考如何讲解得通俗易懂，便于学生掌握。

（七）明确教学方法

教学方法是多样的，选择教学方法可以根据以下几个方面进行：①教学目的和教学要求；②学生的特征，包括年龄、学习能力、知识基础等；③参照以往教学经验，以确定好相应的教学方法。所有的教学方法都应贯彻启发式教学法，要选择可以带动学生自主学习、便于讲解清楚知识的教学方法。而且，在教学中要乐于探究，勇于创新，探究最为高效的新的教学方法。

（八）准备课程所需教具

教具可以帮助教师更加生动且形象化地讲述知识，也有助于学生集中注意力，增强学生的感性认知。特别地，应尽可能地使用现代化教具，包括网络、投影、显示屏、动态影像、声光结合的方式辅助教学。

（九）编写教案

教案是实现教学目标向课堂教学过渡的必需环节，编写教案的起点是理解教材，其次是研究学生和研读大纲。教案是教师上好课的根本保证，是提高教师教学和科研能力的主要途径。传统的教案设计是以教师的教和书本的知识为本位的，从教师的主观判断或教学经验出发，侧重的是教学过程的程序化、细节化。在课程改革的今天，教师设计教案时，必须从人文意识、实践意识和课程意识出发，从学生成长的层面来思索，着眼于学生学习方法的养成，立足于学生兴趣的开发，关注学生情感、态度、价值观的形成过程，进行有生命意识的教学，具体可以从以下几个方面入手：乡土化、学案化、整合化、弹性化。正如著名教育家布卢姆所说："人们无法预料到教学所产生的成果的全部范围。"所以，课堂不能只是教案的演绎舞台，而是要根据学生变化的学习需要，精心"预设"与即时"生成"相统一的弹性调控的教学过程。现代教学设计的"预设"教案应以学生的学习和学生的发展为本位，从学生的实际现状出发，以粗线条的"静态教案"为基础，综合考虑教学过程中的各种不确定因素，注重教学策略，特别是多种教学思路的设计，为教学过程的动态生成创造条件，使其成为具有指导性的"动态方案"——弹性化的教学"预设"方案。只有这样，在教学过程中，教师才有可能根据学生学习的反馈情况做出详细的、适时的动态调整或调适，从而可以弥补在粗线条的"静态教案"中，原先设定的学习难点可能不全成为学习难点或还有新的学习难点，原先设定的教学程序可能不是实际的教学程序等缺陷。所以，教师必须根据教学中的诸多不确定因素，随时进行调整，使"预设"与"生成"相统一，即在"预设"基础上"生成"，在"生成"过程中提升"预设"的层次、水平。

第五节　指导师范生上课

课堂教学是实现教学目标的主战场，是检验教学效果、实施教学设计的重要环节。课堂教学包括导入新课，创设情境；讲解演示，学习新知；课堂提问，带动思维；精心总结，加深记忆，延伸探究。

一、导入新课，创设情境

导入新课的目的：引起学生注意，将学生的注意力迅速集中并指向特定的教学任务和程序之中，为完成新的学习任务做好心理准备；激发学习兴趣，使学生轻松愉快地听讲、演练；保持学习内在的动力持续发展；唤起学生思考，教师在导入新课阶段，即用形象化的语言叙述或设计出富有启发性的问题，可以启迪学生的思维，点燃学生思维的火花，开拓学生思维的广阔性和灵活性，增长学生的智慧；明确学习目的，新一轮基础教育改革要求学生无论学习哪个知识点，都必须知道它的来龙去脉；强化师生情感，教师亲切的教导、悉心的指正、殷切的希望都可以使导入新课技能注入感情色彩，沟通师生情感，而学生则会用教师所给的情感的钥匙开启自己认知结构的大门。

导入新课的设计应遵循针对性原则、启发性原则、趣味性原则、直观性原则、适度性原则。

二、讲解演示，学习新知

1. 课堂讲解

课堂讲解是教师运用语言向学生传授知识的教学行为，也是教师利用语言启发学生思维、交流思想、表达情感的教学行为。以数学课堂讲解为例，数学学科以其图形、数、式的推导运算为主要内容，其教学手段和方式长期以来以教师的讲解为主，因而讲解技能是数学教师必须掌握的主要教学技能。讲解实质上就是教师把教材内容经过自己大脑加工处理，通过语言对知识进行剖析和揭示，使学生把握其学习内容的实质和规律。在这一转换过程中，注入了教师的情感、智慧，使难以理解的内容变得通俗易懂，对学生具有感染力。讲解应以传授数学知识和技能、启发思维、培养能力、提高思想认识、培养数学学习情感为目的。讲解应遵循科学性原则、启发性原则、计划性原则、整体性原则。讲解技能主要包括概念型与命题型讲解、问题型讲解、应用型讲解、解释式与描述式讲解几种类型。

2. 课堂演示

课堂演示是教师根据教学内容和学生学习的需要,运用各种媒体让学生通过直观感性材料,理解和掌握知识,解决问题,传递教学信息的教学行为。在教学中运用直观演示的手段,可以避免教学内容抽象、空洞、难以理解的缺点。人的思维发展是从形象到抽象的,中学生的思维需要具体、直观的感性经验来支持,进而达到抽象。演示技能的运用能使学生获得生动而直观的感性知识,加深其对教学内容的认识,把课本知识和实际事物联系起来,形成正确而深刻的概念;能够使学生获得理解抽象知识必需的感性材料,减少学习抽象知识的困难;能够提高学生实验操作的能力;有助于培养学生的观察和思维能力,开发学生潜能,减轻学习的疲劳程度,提高教学效率;有助于提高学生学习的兴趣和积极性。

课堂的教学媒体包括常规媒体和现代媒体。常规媒体有教科书和图书、实物与模型和图表;现代媒体有幻灯、投影仪和计算机。用教学媒体进行演示应注意以下问题:演示所用的媒体要恰当,演示的时机要适当。密切结合教学内容使用媒体,教学演示必须与讲解同步,最好是分步演示,演示必须与讲解技能相结合。

三、课堂提问,带动思维

中学课程主要的目的之一是发展学生的思维,而教师适度地提出问题则是启发学生思维的导引。以数学课堂为例,数学课堂的实质就是从问题开始,通过讲解有关的概念、定理、法则而使问题得到解决。在数学课堂上应用提问技能,可以使教师与学生双向知识信息交流系统运作通畅,信息反馈快捷而真实,进而,教师可由反馈得到的信息来调整自己的教学行为。数学课堂提问技能运用的目的是掌握课堂进程,调控教学方向,启发学生思维,激发学生求知欲望,了解学生学习状况,检测学习目标达成情况,巩固强化学生记忆,促进学生深入理解、掌握知识,培养学生能力。提问应遵循科学性原则、启发性原则、恰当性原则、评价性原则和普遍性原则。提问技能的主要类型有检验性提问、应用性提问、分析性提问、综合性提问等。实施提问时应注意的问题:提问应与教学目标、教学内容相结合;提问的方式与学生的实际情况相结合;提问后要让学生充分思考并从不同侧面启发;要创设轻松良好的提问环境,要正确对待意外的提问。

四、精心总结,加深记忆,延伸探究

一堂好课,不仅应当有良好的开端,还应该有耐人寻味的结尾。教师应当合理安排课堂教学的结束,精心设计"言有尽而意无穷"的课堂结语,做到善始善终,给课堂教学画上完整的句号。教师通过精心设计课堂小结,有目的、有计划地归纳总结、重复强调、实践等活动使学生对所学的新知识、新技能进行及时的巩固、概括、运用,建构知识、技能网络,启发学生思考。教师可以通过练习、比较与归纳、提问与答疑、承上与启下、发散与拓展等小结方法,总结概括本节课的教学内容,铺垫好下一节或以后的教学内容。此外,教师设计课堂小结时应尽量做到自然贴切,水到渠成;语言精练,紧扣中心;内外沟通,立疑开拓。保证课堂小结不流于形式,做到课终曲未散,课堂教学完

美落幕。

数学课堂教学，除了导入环节、讲解环节、板书环节、提问环节，还有演示环节、变化环节、结束环节等。一节好课必须设计辅助练习，加深理解，设计总结重点、温故知新等环节。教师只有把握教材、吃透大纲、精心设计教学的每一个环节，教学效果才会良好，教学质量才能提高。

第六节　指导师范生说课

一、说课的概念

说课起源于集体备课，现普遍用于中小学教师的集体备课中。教师通过说课把握教材，研究课标，分享教学感悟，展示课改灵感，互相学习，彼此分享，合作共赢。

对于说课，目前没有统一的定义，有的学者认为说课是授课教师在备课的基础上，面对同行、专家或领导，系统而概括地解说自己对具体课程的解释、所做的教学设计及其理论依据，然后由大家进行评说；有的学者认为说课是讲课教师运用系统论的观点和方法，在一定场合讲述某一教学课题，计划怎样教授的教学分析（说课是教师对教学课题的设计和分析）；还有的学者认为说课是教师针对某一观点、问题或具体课题，口头表述其教学设想与理论依据，即教师表述自己是怎样教的、为什么这样教。

总的来说，说课就是教师以语言为主要表述工具，在备课的基础上，面对同行、专家，系统而概括地解说其对具体课程的理解，阐述教学观点，表述教学设想、方法、策略，以及组织教学的理论依据等，然后由大家进行评说。可见，说课是对课程的理解、对备课的解说、对上课的反思。

二、说课的环节

说课的基本环节包括说课程标准、说教材的地位和作用、说教法、说学法、说教学过程。

1）说课程标准。说课标就是要把课程标准中的课程目标（三维目标）作为本课题教学的指导思想和教学依据，从课程论的高度驾驭教材和指导教学设计。要重点说明有关课题教学目标、教学内容及教学操作等在课程标准中的原则性要求，从而为自己的教学设计寻找到有力的依据。说课程标准，可以结合说教材进行。

2）说教材的地位和作用。教材是课程的载体。能否准确而深刻地理解教材，高屋建瓴地驾驭教材，合乎实际地处理教材，科学合理地组织教材，是备好课、上好课的前提，也是说课的首要环节。教师集体备课时，应说清楚本节课内容在本单元乃至本册教材中的地位和作用，即明确教材的编排意图或知识结构体系；说明如何依据教材内容（并结合课程标准和学生）来确定本节课的教学目标（即课时目标）。课时目标是课时备课时所规划的课时结束后要达到的教学效果。课时目标制定得越明确、越具体，反映教师的备课认识越充分，教法的设计安排越合理。分析教学目标要从知识与技能、过程与方法、情感态度与价值观 3 个方面加以说明；说明如何精选教材内容，并合理地扩展或加深教材内容，通过一定的加工将其转化为教学内容，即明确各个知识点及其相互之间的联系；说明如何确定教学重点和教学难点；说明教材处理上值得注意和探讨的问题。

3）说教法。说教法应说明怎么教的办法及为什么这样教的根据，具体要做到以下几个方面：说明本节课所采用的最基本或最主要的教法及其所依据的教学原理或原则；说明本节课所选择的一组教学方法、手段，对它们的优化组合及其依据。无论以哪种教法为主，都是结合学生实际、学校的设备条件及教师本人的特长而定的。要注意实效，不要生搬硬套某一种教学方法；要注意多种方法的有机结合，提倡教学方法的百花齐放；说明教师的教法与学生应采用的学法之间的联系；重点说明如何突出重点、化解难点的方法。

4）说学法。现代教育对受教育者的要求，不仅仅是学到了什么，更重要的是学会怎样学习。新课程标准的实施，转换了教师的角色，说课者要说明如何根据教学内容、围绕教学目标指导学生学习，教给学生学习的方法，培养学生能力，调动学生积极思维，激发学生学习兴趣等。说课活动中虽然没有学生，看不到师生之间和学生之间的多边活动，但从教师的说课过程中，要体现以学生为主体，充分发挥学生在学习活动中的作用，调动学生的学习积极性；要在最大程度上体现教师是课堂教学的组织者、引导者、参与者、启发者；要说明针对本节教学内容特点及教学目的，学生宜采用怎样的学习方法来学习它，这种学习方法的特点怎样，如何在课堂上操作等内容；还要说明在本节课中，教师要做怎样的学法指导，怎样使学生在学习过程中达到会学，怎样在教学过程中恰到好处地融进学法指导。

5）说教学过程。说教学过程是说课的重点部分，因为通过这一过程的分析才能看到说课教师独具匠心的教学安排，反映出教师的教学思想、教学个性与风格，也只有通过对教学过程设计的阐述，才能看到其教学安排是否合理、科学，是否具有艺术性。说教学过程要求说出教学全程的总体结构设计，即导入—过程—结束的内容安排。说教学过程要把教学过程所设计的基本环节说清楚，但具体内容只需概括介绍，只要听讲人能听清楚教的是什么、怎样教的即可。另外要注意的是，在介绍教学过程时不仅要讲教学内容的安排，还要讲这样教的理论依据（包括大纲依据、课程标准依据、教学法依据、教育学和心理学依据等）；重点说明教材展开的逻辑顺序、主要环节、过渡衔接及时间安排；说明如何针对课型特点及教学法要求，在不同教学阶段，师与生、教与学、讲与练等是怎样协调统一的。要对教学过程做出动态性预测，考虑到可能发生的变化及其调整对策。

每节说课不一定都要设计所有的环节，说课时应根据具体情况，突出重点，抓住关键，有效陈述，说透道理。

三、说课的基本要求

说课要围绕课的内容说，说的是课。

1）突出"说"字。说课不等于备课，不能照教案读；说课不等于讲课，不能视听课对象为学生去说；说课不等于背课，不能按教案只字不漏地背；说课不等于读课，不能拿事先写好的说课稿去读。说课时，要抓住一节课的基本环节去说，说思路、说方法、说过程、说内容、说学生，紧紧围绕一个"说"字，突出说课特点，完成说课进程。

2）把握"说"的方法。说课的方法很多，应该因人制宜、因教材施地说，可以说物、说理、说实验、说演变、说本质、说事实、说规律，但一定要沿着教学法思路这一主线说。

3）语言得体、简练准确。说课时，不但要精神饱满，而且要充满激情。要使听课者首先从表象上感受到说课者对说好课的自信和能力，从而感染听者，引起听者的共鸣。说课的语言应具有较强的针对性——教师同行。语言表达应十分简练干脆，避免拘谨，力求有声有色、灵活多变。前后整体要连贯紧凑，过渡要流畅自然。

4）说出特点和风格。说课的对象不是学生，而是教师同行，所以说课时不宜把每个过程说得过于详细，应重点说出如何实施教学过程，如何引导学生理解概念、掌握规律，说出培养学生学习能力与提高教学效果的途径。

说课首先是因地制宜，灵活选择说法，把课说活，说出该课的特色，把课说得有条有理、有理有法、有法有效，说得生动有趣；其次是发挥个人的特长，说出个人的风格。

四、说课的原则

1. 流畅性原则

说课整体要流畅，不要作报告式，环节间过渡要自然。例如，教材分析后，要确定目标时，可以这样说："基于对教材的理解和分析，本人将该节课的教学目标定位为……下面我侧重谈谈对这节课重难点的处理。"

2. 层次性原则

说课要有层次感，不要面面俱到，不要将说课说得很细。我们要说的一般是一些教学预案，所以要多谈谈学生学习中可能碰到的困难和教师的教学策略。这里的层次，对某一教学环节来说也是适用的。例如，在重点、难点处理上，设计哪些问题，如果第一套方案不行，第二套方案有怎样的安排等；在练习中安排了哪些练习，有没有体现出层次性等。

3. 清晰性原则

说课思路要清晰。说课过程中，说课者应将课的整体框架进行板书，使听众思路清晰。

第七节　指导师范生听课

师范院校是培养基础教育师资的摇篮，担负着培养合格中小学教师的任务。一位合格的教师，除了必须树立牢固的专业思想，具有良好的师德修养、广博而坚实的专业知识和教育科学知识以外，还必须熟悉教学业务，掌握教学、教研技能。此外，听课技能也应受到师范生的重视。

听课能力属于教学研究中的评价能力。作为未来的教师，师范生只有具备听课能力，才能提高自己讲课、鉴赏课的水平。听课能力的提高需要通过听课前充分准备，听课中关注教学活动内容，听课后讨论、评议、反思的历练。

听课即观摩示范课，可以是实地观摩，也可以是教学录像观摩。听课对于教学活动来说，是一个经常性的必不可少的环节。因此，师范生听课应做到以下几个方面。

一、听课前准备充分

1. 熟悉课程标准和听课内容

新课程标准是国家课程的基本纲领性文件，是国家对基础教育课程的基本规范和质量要求，是师范生应熟悉和掌握的。

新课程标准是根据知识与能力、过程与方法、情感态度与价值观 3 个维度设计的。师范生应在掌握教学常规知识的基础上学习新课程标准，尽量了解本学科教科研状态，熟悉新的教学理念和理论，分析所要听的内容，并按照自己对教材的理解，设计几个问题，带着自己预讲的思路去听课。这样听起课来能做到心中有数，听课效果就会更好。

2. 倾听授课教师说课

说课既能促进授课教师教学水平的提高，又能使听者受到启发，从而达到取长补短、共同提高的目的。师范生要认真倾听授课教师把隐性思维转变为显性思维的说课，以达到提高教学能力的目的。

3. 听课时的角色定位

师范生在听课时，要端正态度，应该把自己定位为以下两种角色。

（1）审美者

师范生在听课时的最佳角色应该是审美者而不是批评家，要多学习授课教师的长处，为己所用。从这个角度讲，师范生不仅要用美的眼光去感受授课教师的仪态美、语言美、板书美、直观教具美等外在的美，还要去领略授课教师如何通过缜密的思维、严密的推理、严肃的实证来充分展示科学的理性美，更要用心去体会教学过程中的尊重、发现、合作与共享。

（2）参与者

师范生在听课时，应把自己定位为教学活动的参与者、组织者，而不是旁观者。只有有"备"而听，而且从思想上以学生的身份参与到教学活动中，师范生才能获取第一手材料，从而为自己上好课奠定基础。否则，师范生难以有较大的收获。

二、听课中关注教学活动内容

（一）听授课教师的教学设计是否符合学生由易到难、由简到繁的认知规律

师范生听课不同于学生听课，师范生听课的目的是模仿、学习授课教师的教学方法。所以，他们首要的目的是看授课教师怎样建构课堂教学。不同的教师有不同的教学思路，师范生不仅要看教师创设的课堂气氛是否融洽活跃，还要看学生的发言率、举手次数。看教师是通过何种方式让学生积极参与教学活动，充分发挥主体地位的；看学生是否在

自主学习、在教师的引导下积极参与到学习活动中；活动中学生经常做出怎样的情绪反应；学生是否乐于参与思考、讨论、争辩、动手操作；学生是否经常积极主动地提出问题；学生活动的时间是否充裕得当；学生自学习惯、读书习惯、书写习惯是否养成；学生分析问题、解决问题的能力如何等。

（二）听授课教师如何把学习方法传授给学生

教学方法包括教师教的方法和学生学的方法。教法和学法都有其最适宜的范围，教师只有分别对其进行优化组合，才能取得最佳效果。优秀教师不仅能选择和组织学生喜欢的教法，而且能因材施教地帮助学生选择正确的学习方法，为学生适时提供思维空间、兴趣空间和发展空间。师范生听课时，应特别关注授课教师选择和传授学习方法的时机，关注授课教师在当前这种大容量班级的情况下，如何对基础不同的学生进行分层教学，尤其要关注课堂上授课教师是如何把学习方法传授给学生的，学生讨论的内容及所占用的教学时间等。

（三）听授课教师的教学艺术

苏霍姆林斯基认为，听课的要点：一是看目的是否明确并达到；二是看教师是在教学生死记，还是在教学生思考；三是看全班每个学生是否都在积极地学习；四是看学生是否学到了学习技能；五是看教师的智力实质、学术眼界、精神兴趣在课堂上的表现和展开等。除此之外，师范生听课时还要用心去感悟授课教师的创新艺术，品味教师的不同教学风格。听授课教师的开讲是怎样抓住学生注意力的、是怎样调动起学生兴趣的；课堂提问是怎样启发学生思维的；学生回答不出或所答偏离问题要求时，授课教师是怎样根据学生回答的情况指出思考方向、拨正学生思路的；学生对问题的理解只浮于文字的表面时，授课教师是怎样开拓思路加以指导的；教师在听取学生回答问题时，是怎样及时准确评价的。除此之外，师范生还应注意听授课教师的结尾艺术。只有博采众长，才能不断提升自身素质。

（四）听授课教师的教学过程

听课时，师范生应特别注意动脑思考，要对课堂的有些情况做出初步的分析和判断，尤其要认真做好课堂记录，不仅要把教师教学的全过程完整地记录下来，还要把自己在听课过程中的主观感受、零星评析、不同见解、建议，以及有待进一步深入研究的问题，写在听课笔记相应位置，以便评课时讲评交流。例如，授课教师对教学内容的处理表达是否科学、完整，并有机渗透德育；教学的深度、密度是否做到面向大多数学生，而又兼顾"两头"学生，并符合课程标准的要求。要看教师的教学设计是否有创新；教学目标能否引起学生的好奇，激发学生的学习动机；课堂提问能否使学生有意识地从认知结构中提取相关的旧知识，并激活旧知识；怎样创设教学情境，导入新课程的教学；怎样通过简明、准确、生动的语言系统地呈现新内容；采用何种方式完成对新内容的巩固；如何设计多种形式的练习，加强知识的应用与迁移。师范生除了要注意每个环节的实现方式，还要注意时间安排；除了看板书的字体、结构等外在形式，还必须看授课教师是否遵循了板书设计的基本原则，如明确的目的性、鲜明的针对性、高度的概括性、周密的计划性、适当的灵活性、布局的美观性、内容的科学性；板书是否具有引导学生由形象思维向抽象思维过渡的功能；是否具有课堂小结和课后复习要点等功能。

三、听课后讨论、评议、反思

（一）师范生听课后一定要进行讨论、评议

师范生听课后要讨论这堂课有什么特色，教学目的是否明确，教学结构是否科学，教学思想是否端正，教学重点是否突出，难点是否突破，注意点是否强调，板书是否合理，教态是否自然而亲切，教学手段是否先进，教法是否灵活，学生学习的主动性、积极性是否得到充分的调动，三维目标是否落实，教学效果是否好，有哪些突出的优点和较大的失误。在分析总结他人课时要注意比较、研究，取长补短。

（二）有条件的师范院校要让授课教师与师范生进行交流

可先由授课教师对这节课的教学说明自己的感受。新课程标准非常强调教师的课后反思，思之则活，思活则深，思深则透，思透则新，思新则进。教师要反思教学的行为，总结教学的得失与成败，对整个教学过程进行回顾、分析和审视。师范生可以从授课教师的反思中，不断丰富自我素养，提升自我发展能力，逐步完善教学艺术，以期实现教师的自我价值。最后，由师范生对这节课总的看法（包括这节课的特色与不足）、这节课的收获（听课所受到的启迪与所学到的经验）及自己的思考与建议。

第八节　指导师范生评课

师范院校担负着培养基础教育师资的任务，其培养目标就是通过教师职前培养，使师范生成为教育思想端正、教育理念超前、教学手段过硬、师德高尚、爱岗敬业、有较高教学教研能力的教师。新课程标准中新的理念、新的评价体系，强烈冲击着师范院校的教育体系和教学模式，对师范生提出了更高、更新的要求。评课是教师应该具备的一项基本功，属于教学研究能力，因此师范院校教育实习中必须训练师范生的评课能力。

一、评课的意义

评课即课堂教学评价，是在听课活动结束之后，对授课教师的课堂教学是否确立现代教学观，课堂教学的得失、成败进行评议的一种活动，是加强教学常规管理、开展教科研活动、深化课堂教学改革、推进素质教育的重要手段。

教师自身的理论素养和实践能力是课程改革能否取得预期成效的重要因素，是决定课程改革成败的关键，师范院校必须迅速走进新课程改革，改进原有的教学模式，重视师范生评课能力的培训和提高，以确保课程改革的顺利进行并达到预期的改革目标。新课程改革要求教师的教研活动不仅仅停留在一般听课的层次上，更应学会分析所听的课

并给予正确而有意义的评价。评课对教师教学水平的提高、教学思想的完善、教学特色的形成都起着不可忽视的作用。

美国著名的教育评价学者斯皮尔伯格就评课说过"评价的目的不是为了证明，而是为了改进"。评课是运用教育学、心理学、学科教学论等有关理论，按照一定的标准对施教者的教学行为过程进行分析、评议，指出其成败得失，认定其优劣的教学研究活动，是教师提高自身教学水平的有效途径。通过评课使施教者总结经验、吸取教训、改进不足，使听课者获得启迪借鉴，从而取长补短，最终达到迅速提高教学质量和教学能力的目的。

二、评课的类型

由于听课的目的不同，听课的人员不同，评课的侧重点也应不同。根据评课的侧重点，一般把评课分为以下 5 种类型。

1）以学习借鉴施教者教学经验、教学风格为重点的观摩性评课，如师范院校教学论课经常观摩一些有教学经验教师的经典录像，并进行鉴赏评析的教研活动。

2）以验证某项教学改革实验为重点的论证性评课，如通过对采用目标教学模式进行的目标教学课的评析，论证目标教学模式的优越性和可行性。

3）以研究某一教学课题为重点的研讨性评课，如对"中学语文教学中文学教育策略研究"课的评析。

4）以评定授课效果优劣为重点的鉴定性评课，如师范院校举办师范毕业生教师基本功大赛，请评委教师对师范生讲课的情况进行评判。

5）了解教学情况的评课，意在研究教学规律，改进教学方式，提高教学质量，如各校制定的随堂听课，以及同课教师互相听课后的集体评议等。

三、评课的内容和依据

课堂活动能集中反映教师的教学行为及其效果，是评课的主要对象。

1）从教育学的角度对课的教学目标是否明确到位，重点是否突出、难点有无突破，教学目标中是否体现了学科特点和阶段性特点，教学内容的处理是否体现了素质教育，课堂教学设计的结构是否完整，教学环节是否具有逻辑性、是否符合教学原则，教学方法是否具有可操作性，课程资源的开发和利用、多媒体运用是否恰当等方面进行评价。

2）从教育心理学的角度对课的学习动机的激发、知识的学习、技能的形成、品德与个性的形成，学生是否学得主动、积极，教师的主导作用、引领作用是否得到积极、自然的体现和发挥等方面进行评价。

3）从新课程标准的角度对课的性质与地位，全面提高学生知识素养的基本理念，积极倡导自主、合作、探究的学习方式，努力建设开放而有活力的课程目标；教师对学生学习能力的培养效果，学生对知识的掌握程度及实施建议等方面的落实情况进行评价。

4）对教师的知识面、主导作用和教学基本功等方面进行评价。当然，评价的目的不同，评课的侧重点也不同。如果是评师范生的课就应该重点评价他的素质；如果是观摩学习一种新的教学方法,则应该重点对授课教师的教学方法及学生的学习效果方面进行评价。

5）学生参与学习效果、创新能力培养、审美情趣的养成、教学设计的创造性等方面内容也应纳入评课的指标、标准体系,从而确定各种评课的具体标准,以获得客观、公正的评价结论。

四、师范生评课的要求与评课内容

在进行评课训练前,师范生应了解评课的类型,明确评课的内容和依据,掌握评课的标准和基本要求。评课是对授课教师课堂教学做出客观、公正评价,帮助授课教师找出不足、纠正错误、总结经验、提高教学水平的教研活动,是推广教学经验、提高教学水平的有效途径。师范生只有按照评课要素的基本要求进行评析,才能养成客观、公正、虚心的教研态度;只有规范评课的程序,才能提高教育评价的素养。当然,要评课还需要掌握评价方法与要求,并与课堂的有关情况相比较,从而做出判断,分析原因或意义,提出建议。

1. 师范生评课的要求

1）评课时要坚持实事求是的原则,紧扣教育教学规律,对优点不能拔高、夸大;对缺点也不能过于指责挑剔,把教学说得一无是处。

2）评课时要根据教育教学理论,尤其要按照新课程标准的要求,依据课文和评课的类型侧重评价教学内容的中心和重点,不要千篇一律,不同教学内容应采用不同的评课方法。

3）要善于发现授课教师在探索教学规律、体现教学原理方面的尝试,对授课教师在教学实践中总结的经验应给予适当鼓励。

4）要把着眼点放在授课教师精心设计的教学方法上,以体现尊重授课教师的创新劳动。

5）集体评课要掌握分寸,避免重复,对看法不统一的评议可以提出来供授课教师参考,切不可武断下结论,打击授课教师的积极性。

2. 师范生评课的内容

1）授课教师设计的教学目标是否符合要求,通过教学是否达到了教学目标。

2）授课教师对教材的处理是否恰当,课时任务是否顺利完成,重点、难点、关键点是否突出,是否考虑到了教材知识的系统性和连贯性,是否注意到了新旧知识的联系,处理教材过程中有无知识错误等。

3）授课教师教学方法的选择是否灵活适当,所选的教学方法是否符合学生的年龄、思维特点和教材内容,是否符合学生的认知规律,是否具有启发性,是否能促进学生动脑、动口、动手,使学生学得主动,学得有兴趣。

4）授课教师的语言运用是否规范,授课教师的课堂语言是否规范标准、通俗易懂、深入浅出,语速是否适中,吐字是否清楚,用词是否简练、富有激情,教态是否自然。

5）授课教师对课堂的驾驭能力、课堂结构安排是否合理，课堂进程设计是否周密，组织是否得当，是否既体现授课教师的主导作用又体现学生的主体作用，课堂上是否充分发扬教学民主。

6）授课教师的教学是否体现了教学原则，授课教师在课堂教学中是否能面向大多数学生，遵循因材施教、循序渐进的原则。

7）授课教师的板书设计是否合理，授课教师的板书设计是否有条理，是否工整、规范，有利于学生记忆。

另外，评课还要看授课教师的课堂教学设计有无创新，能否引导学生自行获取知识；看学生学到多少，得到什么；看学生是否掌握了学习方法，参与状态如何；看授课教师是否把学生当成课堂学习的主体，真正把课堂还给了学生；看学生提出的问题是否有价值，是否有静思的空间与时间；看师生关系是否良好，是否有利于学生的创造性学习和创新能力的培养；看授课教师的职能是否真正发生了变化，是否真正成为学生学习的指导者、服务者和参与者。

3. 师范生评课时应注意的问题

1）以商量的态度与授课教师共同分析，不能把自己的观点强加于授课教师。

2）严格按照既定的评课标准进行评议，要用听课中获得的具体材料来论证各项评课指标的达成度。如果脱离标准，做出不切实际的评价，就会影响正常的交流。

3）集体评议不能太笼统，要抓住具有代表性的典型环节进行具体分析，并对授课教师讲的内容给予补充修改，用集体智慧的优势完善教学，使教学接近科学，增强教学成功的把握性。尤其是感到授课教师对教材处理不妥的地方，不仅要指出问题所在，还要提出改进的措施。

4）评课是一种教育实践活动，是对教学效果的检验过程，评议不是最终目的，它只是为达到教学目标、寻求最优化教学方式的手段，因此，不能求全责备，面面俱到，要突出评议重点。

5）避免凭空发议论、走过场式的评课，如果能运用测试手段，从信息反馈中获得数据进行定量分析，则评课会更有说服力。

师范生评课的关注点，还应看授课教师是否从传递知识的层面转移到指引学生有效学习方向的层面，是否转移到如何针对学生的学习差异进行因人施教，是否把过多的统一讲授转变为以指导学生分组学习、讨论、统一答疑、点拨学习方法为主要活动方式的课堂，是否转变为以适当的统一讲解与有指导的自学或选择条件下的探究、研讨、查询相结合的课堂。

总之，评课是教师应该具备的一项基本功，真正掌握这项基本功并不是一件容易的事情。要评好一堂课，必须站在全面的、发展的高度，体现现代教育观念，明确评价的内容、标准、要求。当然，评课的知识要点或应该注意的问题并不是仅有这些，即使掌握了评课方方面面的知识，也并不一定就掌握了评课的技能。教育心理学认为，练习是技能形成的基本途径。因此，要真正掌握评课的技能，师范生还必须运用这些评课的知识进行评课的实践。评课后要对所获取的信息（来自于学生、授课教师、其他听评课教师的信息）结合新课程理念做进一步的总结和思考，看有什么收获、启示，然后写出心得体会。

第九节　培养师范生组织课堂教学的能力

所谓组织课堂教学，就是指教师在一堂课的教学中，善于发挥管理效能，调节教师与学生、学生与学生之间的关系，师生共同完成教学任务的种种活动。所谓组织课堂教学能力，是指教师为了完成教学任务，设法创造课堂气氛，把学生带进教学过程，并要鼓励学生积极、主动参与获得知识和能力的活动，亲自参与知识的发现和创造过程，让学生根据自己的经验，充分发挥自己的聪明才智，圆满完成教学任务时所施行的一系列组织管理手段的能力。

一、组织课堂教学应遵循的原则

组织课堂教学的总体原则应该是"管而不死，活而不乱"，即既要严格管理、严格要求又要爱护学生、尊重学生，既要严肃紧张又要生动活泼。具体原则有以下 3 个方面。

（一）坚持以教师为主导、学生为主体的原则

按照"实践是检验真理的唯一标准"这一马克思主义观点，学生学习的优劣应该是检验教学质量高低的标尺。而学生学习的好坏，关键又在内因，教师的教只是外部条件，所以，教学的主体应该是学生，而不是教师。以学生为主体的组织课堂教学，绝不是在课堂教学的某个环节上，而是要把整个教学过程组织成学生主动学习的过程，也就是学生自己获取知识、增长才干的过程。这就要求从教学目的的确定、教学过程的设计、教学活动的安排，直到教学效果的检查，全部应以学生的学习为核心，教学中的任何环节都不能脱离这个核心。

以学生为主体，教师还必须真正发挥其主导作用。在整个教学过程中，教师应成为教学程序的设计者、学生求知的启发者、学习途径的指引者、学习纪律的监督管理者等。教师必须从教材和学生的实际出发，精心确定每节教材、每篇作文、每道练习题及课堂上的每项教学活动的要求、重点、难点，尽量减少无效劳动或重复劳动。在组织课堂教学中，教师对学生要循循善诱，激发学生自觉学习，鼓励学生质疑问难。在教学过程中，教师要主动对知识的疑难给予指点，精微处给予启示，必要时还要传授新知。在学习方法上更要使学生开窍，培养其良好的学习习惯，从而使全体学生都有长足的进步。

（二）坚持"静中有动，动中有静，动静结合"的原则

为了使学生能够在课堂上"静"悄悄地从事紧张的脑力劳动，不因受外界干扰而打断思维活动，必须营造宁静的课堂自学气氛。但是这种静并不意味着"松松垮垮，没精打采"或者"死气沉沉"，而是静中有动。此时，由于寻找新知的需要，学生脑海中翻腾着智慧的浪花，这种紧张思维的脑力劳动，必须有良好的学习气氛，这种学习气氛必

须由教师组织安排，对一些影响教学气氛的不良因素，教师应主动排除，保证学生有安静的学习氛围，这就是我们所说的"静中有动"。例如，语文课是基础工具课，必须通过生动活泼的练习活动才能掌握。在课堂教学中必须把听、说、读、写、演等练习活动与思考结合起来。在课堂上，学生用耳听、用眼看、用嘴讲、用手写或者进行必要的表演等，这些都是"动"，都是理解教材、提高语文能力的渠道或手段，其目的还是要学生能够准确地运用语言文字表情达意。所以，课堂每项练习活动之后，都应该要求学生冷静地思考：课本中的范文为什么看起来顺眼，听起来悦耳，读起来顺口，讲起来引人入胜？引导学生认真领会范文的优点和长处，不断丰富自己的语文知识，提高语文能力，这就是我们说的"静"。掌握了"动中有静"原则，不仅可以克服"满堂灌"或盲目训练，而且能活跃课堂气氛，激发学生学习兴趣。

（三）坚持"放中有收，收中有放"的原则

"放中有收，收中有效"是组织课堂教学集体活动的一条重要原则。例如，在进行集体讨论、集体辩论、集体交流、小组对测等时，要既不浪费课堂时间，也不影响教学进度，就必须掌握好放和收的原则。所谓"放中有收"，就是在知识领域内（即讨论范围）的"放"，在教学过程一定发展阶段上的"收"。学生可以在教师所控制的知识范围内敞开思路，畅所欲言。所谓"收中有放"，是说教师所控制的知识范围也不是一成不变的，有时还可根据教学进展的情况，适当放宽或者缩小知识尺度，同时也允许学生独立思考，冲破知识"禁区"，向更广泛更深入的领域探索。教师要善于发现学生萌发出的新知幼芽，及时给予支持和鼓励。这样组织的课堂集体活动才是生动活泼的。

二、不同阶段的组织课堂教学

（一）准备阶段的组织课堂教学

有经验的教师，上课虽未开始，但组织课堂教学就已经开始了，因为课前做好充分准备，是保证胜利完成教学任务的前提和基础。要求学生在上课前准备好课本、作业、笔记本，帮助学生做好上课前的思想准备，当学生准备书籍文具时，就会自然地联想到教材的进度、老师的提问等，有助于完成教学任务。每节课前进行的组织课堂教学工作的好坏，往往直接影响着本节课的成败。

要培养学生做好上课准备的良好习惯，要提出具体要求，如书籍文具的放置、复习上节课的教学内容、检查上节课的作业完成情况等，要求做到的一定要经常检查，坚持到底。

（二）启示课阶段的组织课堂教学

启示课阶段的组织课堂教学，是整个组织教学的关键环节。教师讲课要精神饱满，语句精练，语言和谐且有韵律感，教态大方且和蔼可亲。教师上课讲得有声有色，学生就会听得津津有味，就能产生极大的吸引力。此外，启示课阶段的组织课堂教学有以下几种方法。

1. 恰当提问法

恰当提问法是了解学生、复习巩固、检查教学效果常用的方法。若在启示课阶段采用，则对集中学生注意力，排除干扰，促使学生认真听讲的作用更大。

2. 眼神制止法

有些班级课堂纪律不好，总有少数人不能集中精力听课，对这种现象不宜以训斥来解决，教师可充分发挥眼神的威力。教师的目光、眼神，可以是关切的、饱含希望的；也可以是斥责的、制止的等，不用过多的时间，就能达到教育目的，还会防止因过多批评而伤害学生，也能节约时间。教师在讲台上目光四射，学会用眼睛说话，使每个学生都感到是在对他讲课，这样学生就不会分心了，这是一种最经济而有效的组织教学。

3. 突然沉默警告法

在组织课堂教学中，有时的确存在无声胜有声的情况，在这种情况下，无声比大声疾呼更有效，如上课刚开始，教师正在聚精会神地讲导语，但有个别学生却在下面东张西望、翻纸弄笔、乱画乱写、交头接耳等，这时教师在讲解中尝试"戛然而止"，停十多秒乃至半分钟，就会立即抓住学生的注意力。

（三）授新课阶段的组织课堂教学

授新课是一堂课教学的核心，而组织课堂教学也应围绕这个核心进行。授新课若使用单一的讲述法，让学生长时间静坐听讲，注意力就容易涣散。要根据学生的年龄特征、教材实际，灵活地选用恰当的教学方法，调动学生积极主动地参与教学过程中的各种活动，这就是所谓的寓教于乐。在一节课内，如能交叉运用讲解、板演、提问、朗读等，加上听写、背诵、复述等方法，学生就不会感到过分疲劳。

1. 组织全体学生参加获得知识的实践

课堂上应使每个学生每分钟都有事做，要组织他们动手、动脑、动嘴、动眼，亲自参加获得知识的实践活动。切忌把注意力集中在少数几个成绩较好的学生身上，进行"一对一"的教学。即使在某段时间里，只有个别学生参加教学实践，也必须同时提醒其他同学要想、看、做或者读，不能使其闲着无事只观看别人。

要求学生长时间保持一种姿势或重复一种动作，这对他们来说是难以接受的。因此，教师必须采用灵活多样的方法组织教学，适应学生活泼好动的心理特征，不断调节他们的身体姿势，既能强化实践效果，又能使他们身体各方面平衡发展。

2. 留心观察法

授新课阶段由于教学任务繁重，留心观察就成为许多教师进行组织教学的有效方法。教师上课要随时观察学生的情绪、表情、动态等。学生听课时面部表情常常是讲课质量的"晴雨表"，它可以告诉教师讲课的效果：能听得懂而且感兴趣的学生，常常表现出微笑，个别学生会点头示意；不注意听讲者表情凝视，有时眼望屋顶或窗外，心不在焉或若有所思的样子；听不懂者，则表现为侧目、双眉紧锁或发呆等。遇到这些情况，教师应调整进度，采取措施。课堂如发现多数学生注意力松弛，就应停下来进行整顿，设法集中学生的注意力，或者提出一些问题，要求学生看书、思考、回答，或者变换讲课方式，尽量使更多学生听懂。

3. 课堂间隙过渡的组织法

教学过程常常有间歇或者过渡，这时尤其要注意组织安排。例如，教师有时需要转身面向黑板，板书重要的资料，或者悬挂图片等，此时可能会有个别学生乘机扰乱教学秩序。此时教师就要灵活地给学生安排一定的活动，或默读课文，或抄写词语，或思考问题等，以避免个别学生扰乱课堂秩序。

4. 应变式组织教学法

应变式组织教学法是指教师要能根据课堂出现的不测事件变换授课方式，灵活机动地组织教学。教学有法，但方法绝不是一成不变的。即使教师设计的教学方法表面看已完美，在千变万化的教学实践中，也常常会因某学生"发难"，或课堂出现某种突发事件而无法实现，这就要求教师因势利导，变换教学方式，以达到教学目的。

三、结束课阶段的组织课堂教学

组织课堂教学要善始善终。对于新任教的师范生来说，最苦恼的还是总结课阶段的组织课堂教学，如下课铃一响，特别是上午和下午最后一节课，教师正在总结本节教学、布置作业时，许多学生显示出不耐烦。此时我们必须教育学生，要讲文明、讲礼貌，要尊重老师的劳动。教师向学生反复强调，总结课是一节课教学的重要环节，它对本节课和下节课起着承上启下的作用，对课后复习及作业起着重要作用。最后，教师还要精心设计结束语，紧紧吸引学生的注意力。

思　考　题

1. 简析板书的注意事项。
2. 为什么要延长教育实习时间？

第二章　激发师范生自身潜能，做好教育实习准备

教育实习是师范生实践教学的一个重要方面，具有很强的实践性。教育实习在教师职业素养形成过程中发挥着巨大的作用。因为教师的职业体验来自于真实的教育教学实践，师范生的从教能力的提高离不开实践。所以，要成为合格的教师，就要依托教育实习巩固运用所学基础理论、专业知识和基本技能，培养锻炼理论联系实际和提出问题、思考问题、分析问题、解决问题的能力；了解基础教育实际，认知教师职业岗位；养成乐于向优秀教师学习的品质，产生从教兴趣和信心，树立从教思想，缩短从教适应期，加深对教育教学过程，教师之间、师生之间以及教师和社会之间诸多合作方式的理解；学会用创新的思维方式和全新的教育理念来审视与改革现实教育，习得教育教学实践性知识、增长教育实践智慧，增强对教师实践性的认识，增强对教师职业的认同，为今后走向工作岗位打下良好的基础。鉴于教育实习对教师职业素养养成的重要作用，在实习前，师范生一定要激发自身潜能，坚定事业选择、明确所肩负的教师使命、培养教师素养、认清实习意义、直面艰苦条件、遵守实习纪律、牢记安全守则（即心理准备）；尝试撰写教案、完成校内试讲、参与同学研讨、寻求教师指导、进行自我反思（即专业技术准备）；准备好个人制订的实习计划、个人撰写的自我简介，写出自己对实习的期许等书面材料，以及实习用品（即物质准备）。

第一节　培养高尚的职业道德

教师职业道德是教师在教学实践中所应遵循的道德规范，是教师在教育工作中形成的比较稳定的道德观念、行为规范和道德品质的总和，是调节教师与他人、集体及社会相互关系的行为准则，是一定社会或阶级对教师职业行为的基本要求。

教师职业道德并非单一概念，而是多角度、多方面的观念、品质、规范的综合。教师职业道德的养成，不仅要求教师具有优良的个人品行，而且应具有完善的知识体系和强大的教学能力等。师范生应从以下几个方面培养自己的职业道德。

一、明确肩负的教育使命

传承文化和创造文化是学校的使命，教师则是传承文化和创造文化使命的践行者和承载者。承载使命需要的是一种责任，践行使命需要的是一种能力，前者来自对使命的理解和认识，后者来自经验的累积和重构。教师的意义和价值在于为社会培养有用之才，在于对人的塑造。所谓"学高为师，身正为范"，教师的一言一行都影响着他的学生。如果教师能够在学生身上发现自己的影子，如果教师的言行能够影响学生的一生，那么他就完成了自己作为教师的使命。因此，教师的使命源于教师这一职业，教师不仅要热爱自己的职业，还要具备运用完美的教学模式，设计有效的教学方案，实施最有效的教

学实践的能力，以达到一定的专业标准，即教师不仅是一种职业，也是一种生活方式。

二、树立高尚的人格形象

人格是一个人的品格、格调、境界、道德水准及自尊等内在素质的总和，其中较多地涉及道德因素。教师是育人的职业，其应具备良好的人格形象及人格魅力。教师应自觉成为学生的精神楷模和精神动力。实践证明，高尚的人格形象能够产生巨大的凝聚力和感召力；教师是学生心中的榜样，其人格形象影响学生人格的形成和发展；教师应坚持正面引导和反面刺激的方法，激发学生的求知欲；教师的人格形象会引起学生的情感共鸣；注重实际、言行一致的教师容易引起学生的共鸣，产生高尚的人格影响力。

三、形成优秀的教学能力

能力通常指完成某种活动的本领，包括完成某种活动的具体方式和完成某种活动所必需的个性心理特征。能力有一般能力和特殊能力之分。教学能力是顺利完成教学活动所具备的而且直接影响其活动效率的一种个性心理特征。它是在教学活动中形成和发展起来的，是在教学活动中表现出来的能力比较稳定的心理特征。

按照教学活动水平，教学能力分为再现性的教学能力和创造性的教学能力。教师应处理好智力和能力的关系，处理好知识、能力和技能的关系。

四、理解教师职业道德的重要性

习近平总书记在强调教师对每一名学生的人生、对一所学校、对一个民族的影响时说："一个人遇到好老师是人生的幸运，一个学校拥有好老师是学校的光荣，一个民族源源不断地涌现出一批又一批好老师则是民族的希望。"教师是人类灵魂的工程师，是人类文化科学知识的传播者，是肩负下一代教育使命的先锋，教师这一职业的特殊地位决定了其职业道德的重要性。

教育家、思想家陶行知先生曾说："先生不应该专教书，他的责任是教人做人；学生不应该专读书，他的责任是学习人生之道。"由此可见，教师的品行会对学生的人生产生深远的影响。当今社会对教师职业道德的要求高，注重为人师表，强调以身作则，师范生作为未来的教师，具备优良的职业道德已成为必然要求。教师的职业道德是关乎下一代品格、能力的建立的重要因素。教师的职业道德指引其教书育人的工作，渗透在其言行之中。学生如同教师的一面镜子，尤其是在学生品行养成阶段，教师的品行会对学生品行的建立产生重要影响。

第二节　明确教师的神圣使命

一、职业使命感概述

职业使命感是个体受利他性导向驱使对特定职业领域表现出的一种强烈激情，希望在从事该种特定职业过程中获得意义感、成就感及幸福感的内心体验和感知。它的特点集中体现在以下几个方面。

1）职业使命感的一个核心要素是强烈的意义感和目的感。有些学者强调个体的工作要与自身的才能天赋等相匹配，或是多重自我的集合。而自我差异理论（self-discrepancy theory）认为，多重自我之间会存在差异，从而导致个体的内心不协调，这会促使个体进行自我探索，寻找减少不协调的方法，而当个体的理想价值观、兴趣、才能天赋等与某一职业生涯相匹配时，就容易达成多重自我的集合。多重自我的集合则会促进获得意义感和目的感。

2）相较于意义感和目的感，职业使命感的召唤来源是一个有争议的要素，它被认为是象征着个体在宗教、精神、文化、世界观等方面的信念。它可能源于社会需要等外部因素；也可能源于某种内部的声音或动机，表现出注定或应该要去做的命运感；还可能源于一些处于内部和外部之间的召唤，如源于自我探索从而找到真正匹配自己的职业生涯。

3）职业使命感可能不是像意义感和目的感那样普及的因素，但也是一个重要因素。具有高使命感的人，其目的感不仅是个人导向的，也是有一定程度的利他导向的；具有高使命感的人意图让世界变得更好，以实现自己的人生意义和社会价值。

4）职业使命感常与心理成就感、满意度、乐趣等积极情感体验相关，即在某特定职业中体验到积极情绪的情况下，更有可能体验到对该职业的使命感。

5）职业使命感是与特定职业领域（如音乐、商业、法律等）联系在一起的，具有持续性，它不是"有"与"没有"的二元结构，而是一个强弱程度变化的连续体。

二、教师职业使命感的组成因素

教师职业的价值认同、自身特质因素与教师职业的匹配性、对教师职业的自我效能、对教师职业生涯的期望、积极主动性 5 个方面与教师职业使命感存在密切联系。

1. 价值认同

价值认同是指教师对教师职业的价值判断，涉及教师对教师职业的工作性质、作用、内容等方面的认识及评价。

2. 自身特质因素与教师职业的匹配性

自身特质因素与教师职业的匹配性是指教师的性格、专业知识、技能等特质因素与教师职业所需的要求的匹配程度，用以评判自己是否适合教师职业。

3. 对教师职业的自我效能

对教师职业的自我效能是指教师在选定的教师职业生涯过程中对自己能成功完成教师相关任务的能力的信念。

4. 对教师职业生涯的期望

对教师职业生涯的期望是指教师对自己未来应该成为什么样的教师存在期待，从而设立具体的目标形象。

5. 积极主动性

积极主动性是指教师积极参与专业知识学习、主动进行相关职业实践、主动进行职业规划、努力完善自我的程度。

三、教师职业使命感的作用

大部分研究者认为教师职业使命感对个体有积极作用，但近年来有个别研究表明职业使命感也会对个体产生消极效应。

（一）职业使命感的积极效应

1. 职业使命感与职业生涯发展变量的关系

与职业使命感存在紧密关系的职业生涯发展变量一般包括职业生涯决策、职业自我效能、职业生涯规划、职业认同、生涯观等变量。研究发现，美国大学生的职业使命感与生涯明确、生涯选择舒适度、自我明确、选择工作重要性存在显著正相关关系，与生涯迷茫、教育信息缺乏存在显著负相关关系，还与生涯决策自我效能、职业生涯规划存在正相关关系，与消极生涯观及其各维度（决策混乱、承诺焦虑、外部冲突）存在负相关关系。研究发现，在加拿大的大学生群体中，使命感存在和使命感寻求均与职业自我效能存在正相关关系。总之，职业使命感与职业认同存在正相关关系，且职业使命感对职业认同起到正向预测作用。

2. 职业使命感与工作相关变量的关系

与职业使命感存在紧密关系的工作相关变量有工作意义、退缩倾向、结果预期、工作投入等变量。其中，工作意义是一个重要变量，常作为职业使命感与其他变量之间的中介变量。研究发现，职业使命感与工作投入、工作意义、人职匹配之间具有显著的正相关关系。其中，职业认同和工作意义在职业使命感与工作投入之间起中介作用，即职业使命感越强的个体，会通过较高的职业认同感、工作意义感使工作投入越高。另外，职业使命感和实践使命感与工作意义存在正相关关系，且工作意义在实践使命感与工作满意度、生命意义之间均起中介作用。除此之外，职业使命感与积极工作态度（工作挑战和工作享受）存在正相关关系，与结果预期存在正相关关系，与组织承诺存在中度正相关关系，与退缩倾向存在低度但显著的负相关关系。

3. 职业使命感与各领域满意度及幸福感变量的关系

职业使命感与个体在学业、工作或生活方面的满意度及幸福感的关系密切。相比那些将工作视为一种使命或提升自我事业的途径的个体，更有可能对其工作满意。研究发现，由于生涯承诺的存在，使命感与工作满意度之间才会存在中度相关关系。使命感还与学业满意度呈现中度正相关关系，与生活满意度、幸福感也存在正相关关系。除此之外，有研究也发现实践使命感与工作满意度之间存在正相关关系，与生活满意度、幸福感之间呈显著正相关关系。

（二）职业使命感的消极效应

有研究表明，有些视其工作为使命的个体会体验到职业使命感的消极效应。研究发现，职业使命感在提高工作满意度的同时，也会带来工作负荷，且越有高使命感的人，越容易感受到工作上的急迫性所造成的负荷感。另外，即使存在职业使命感，但却没有实践使命能力的个体，也可能与消极结果有关。有职业使命感取向会增加个体主观幸福感，但也有可能出现高牺牲、个体紧张和能力衰竭的情况，致使个体主观幸福感降低。心理学家建议个体应该正确寻求职业使命感，在对工作有深层次投入时也要保持一种灵活性，这种灵活性允许个体适应自身在行业、生活、组织环境之间的角色变化；如果个体以一种僵化的工作身份来对工作做深层次的投入时，个体是以不健康的方式来寻求使命感的，往往会不适应自身在行业、生活、组织环境之间的角色变化，以及带来的压力。

第三节　明确教育实习的意义

实习作为师范生进行师范教育的一种培养模式，经过近年的实践和相关的理论探讨，我们对此项工作意义的认识已逐步明确。

一、服务基础教育，提高教育水平，是促进教育均衡发展的重要途径之一

教育要发展，关键在教师。2008 年年底，教育部公布了《国家教育督导报告》，通过大量调查数据真实地描述了我国义务教育阶段教师队伍的现状。《国家教育督导报告》显示，在中西部地区，尽管中小学办学条件得到极大改善，但师资力量薄弱这一最突出的问题仍然存在，尤其是边远地区的中小学，其教师数量不足，教学质量不高，骨干教师流失仍比较严重。一些紧缺的学科如英语，因为师资缺乏，常由一些其他学科教师担任。为此，《国家教育督导报告》提出要统筹区域内教师资源，完善教师聘任、调配、流动机制，努力保证边远地区对合格教师的需求。可见，当前我国教育改革与发展最为紧迫的任务，就是努力缩小各区域间、城乡间基础教育学校在办学条件、教育质量、教师队伍等方面的差距，解决义务教育教师数量不足和质量不高这一现实而紧迫的问题，促进区域间、城乡间教育的均衡发展。显然，发展教育、提高教师队伍质量，既是师范院校义不容辞的责任，也为开展师范生培养改革的探索与实践提供了机遇。

二、能最有效、最直接地促进师范生专业发展，提高师范生的综合素质

根据教师需要知识的分类，师范院校人才培养计划的课程设置一般围绕本体性知识（学科专业知识）、条件性知识（教育专业知识）、一般文化知识和实践性知识 4 个方面展开。前 3 种知识属于显性知识，师范生主要通过课堂教学、阅读、听讲座等形式获得。实践性知识属于隐性知识，无法通过简单的信息传递获取，它是教师专业发展的主要基础知识。师范院校培养学生的实践性知识主要通过实践性教学，包括教育见习、微格教

学、教育实习等途径。如何通过这些途径提高师范生的实践能力，进而提高培养质量和师范生的专业化水平，就成为师范院校的研究课题。在众多的实践模式改革探讨中，实习凸显了它的优势，对于提高人才培养的质量具有重大意义。

在实习中，由于师范生处在与实习学校教师同等的地位，实习时间长、力度大，实习生得到了更加充分的、全方位的实践锻炼，对师范生专业素质的提高程度要大于传统实习。师范生将理论知识融入实践中，在教与学的实践过程中，从多角度全面提高教育教学能力和专业素质。师范生围绕实习的 3 个任务（课堂教学、实习班主任、社会调查与研究），在长达 3 个月的实践中，有利于职业能力的养成，为将来走向社会参与人才竞争奠定了坚实的基础；通过实践中担任实习班主任，学会针对中小学生的有效管理，提升了师范生的管理能力；通过实习开展的社会调查与研究，提升了师范生的教育研究能力。同时，其相对自主的实习环境，有利于师范生的自主发挥和反思进步。师范生深刻体验了从学生到老师再到学生的角色转换，经历了理论到实践到理论的循环，对教师职业、实践性教学知识及自我评价达到了一个新的高度。

另外，实习促成角色转换，给师范生提供了全新的育人平台。一些实习学校的艰苦的生活环境、基层师生的生存状态给师范生一种震撼的生命体验和情感体验，在实践中能够培养艰苦奋斗的意识和吃苦耐劳的精神。在与教师的双向交流中，可以加深师范生对教师职业价值的认同，增强师范生的社会责任感和使命感。不少实习回来的师范生表示，到艰苦的地方支教以后，没有什么苦不能吃了，对就业的期望值也现实很多。所以，实习除了直接有效地促进学生的专业技能发展外，还会对他们的世界观、价值观带来良好的影响。

在教师教育一体化和倡导终身教育的背景下，实习方式不失为教师教育职前职后一体化的有益探索和实践。这项改革不仅是职前教师培养中实践教学环节的改革，而且涉及教育思想、管理体制、课程体系、教学模式、教师职后培训等全方位改革。针对基础教育和社会发展的实际，需要调整课程设置、更新教学方法、强化教师技能训练等。实习为构建职前职后一体化的教师教育体系搭建了桥梁，是对教师教育体系改革运行机制层面的一项有益尝试。这种教师教育培养模式的创新，能在一定程度上满足基础教育改革发展和素质教育对高素质师资的需求。

第四节　做好教育实习准备

教育实习是师范生培养体系中重要的学习阶段，而教育实践前的准备是教育实习能否成功的前提。充分的心理准备、理论准备、技能准备和物质准备为实习取得实效打下了坚实的基础，保证了教育实习的顺利实施。只有这样，才能树立卓越师范生长期从教、终身从教的信念，才能培养出一支高素质的卓越教师队伍。

2011 年 10 月 8 日，教育部颁布的《教师教育课程标准（试行）》强调"强化教育实践环节，完善教育实践课程管理，确保教育实践课程的时间和质量"。教育实习是教师培养体系中重要的学习阶段，师范生所学的课程理论、专业知识和基本技能，必须经过实践才能转化为将来从事教育教学的实际工作能力。教育实习要真正做好做实，应做好以下 4 个方面的准备。

一、心理准备

教育实习对师范生来说，是一种全新的学习方式，师范生在这一阶段的学习中身份发生明显变化。师范生在教育实习阶段有明确的学习目的和任务，从这一角度来说，实习中的师范生仍然是学生的身份；但是在实习过程中，面对具体的教育教学对象，师范生就是老师。在身份与角色的转换中，师范生需要具有健康的学习心理。

（一）树立师范生意识，明确教育实习的目的和意义

要克服盲目等待的被动心理，不要等教师布置了实习任务才去行动，或者把教育实习当作走过场，应该以饱满的热情和积极的心态投入实习的准备工作中，充分相信自己有能力、有实力完成实习任务，认识到实习工作的重要性和积极意义。每一位师范生都应该认识到教育实习不仅是师范生学习生涯的一个重要阶段，也是走出校门、步入社会的一次重要历练。

（二）要知晓教育教学工作的实习内容，制订实习工作计划

师范生实习之前，师范院校都会组织其学习有关实习工作中各种文件，包括教育实习的模式、教育教学实习工作的内容和要求、实习生管理规定、实习成绩评定、优秀实习生评定、上交实习材料要求、实习工作的总结与鉴定等。实习任务主要包括教学实习、班主任实习和教育调查 3 项。教学实习主要指课堂教学实习及与课堂教学相关的其他教学活动，包括备课、编写教案、课堂教学、听课、评课、批改作业、讲评等。班主任实习包括了解班集体情况、制订班主任工作计划、主持主题班会、开展班级日常工作、指导学生开展课外活动、对师范生进行个别教育和组织自我教育等活动。教育调查指师范生在教育实习期间，对所在实习学校或者教育部门进行调查了解，认识基础教育的改革现状与发展趋势及需要解决的教育与教学问题，培养师范生的调查研究能力。认真学习各项实习要求和内容，制订实习工作计划，有利于师范生在实习工作中有的放矢，科学合理地安排自己的工作和学习生活，争取实现实习工作收获最大化。

（三）了解实习学校的基本情况

实习学校对师范生来说是一个全新的环境，在这里要完成学习和工作任务。了解实习学校的基本情况，包括学校规模、在校学生人数、师资等情况，有助于师范生很快进入教师角色，投入学习和工作中。有了以上的心理准备，师范生才能以自信的心态、清醒的意识、朝气蓬勃的精神状态投入新的学习和生活中，才会具有责任感、使命感，这样在未来的实习中才会有成就感。

二、理论准备

教育学是研究教育现象、教育规律和如何培养人的学科。师范生必须了解党和国家的教育方针，了解教育的目的、过程、内容和方式方法，认真学习学校教育学、比较教

育学等，学好学科课程与教学论，熟知教育教学的一般规律，尤其是要了解基础教育的特点，了解新的课程理念，了解中小学课程改革的进程等。

"一切为了学生，为了一切学生，为了学生的一切"是我国实施的新一轮基础教育课程所提倡的教育教学理念。一切教育都要以学生为出发点，心理学，尤其是教育心理学、青少年心理学等更是一名教师应具备的知识。作为教师，只有了解学生的情感、认识、意志等心理过程及能力、气质、性格等，才能在教育教学中培养学生的创造力、激发学生学习的兴趣、训练学生的思维力、塑造学生健全的人格等，这些离不开对心理学相关内容的研究。

理论是实践的基础，要形成教学技能，解决教学操作问题，必须认真学习相关的学科教学论的内容，谙熟课程论、学科教学论的知识。学科教学论是师范生最为重要的一门课程之一，特别是在新的课程改革中，学科教学论更是肩负着重要使命，课程的性质、教学原则、课程标准、科学的现代教学观念等，都与培养未来社会需要的人才息息相关。教师在教学过程中应与学生积极互动、共同发展，要处理好传授知识与培养能力的关系，注重培养师范生的独立性和自主性，引导师范生质疑、调查、研究，在实践中学习，促进师范生在教师指导下主动地、富有个性地学习。因此，在教学中，对于教学目标的确定、内容的选择、教学过程的设计、教学方法的优化等，师范生都必须熟记于心。师范生只有把握学科教育发展的方向和规律，熟悉学科教学对学生发展的重要意义，了解在学科教学中如何使学生学会终身学习，才能在实际教学中践行课程标准的理念，取得最佳教学效果。

三、技能准备

教育实习的目的是提高师范生教育教学工作的能力。技能训练是一个长期的、积累的过程，但在实习之前有针对性地进行技能的强化训练还是必要的。

（一）练好"三字一话"

写好粉笔字、钢笔字、毛笔字，说好普通话是师范生的基本技能之一，是保证课堂教学有效、有序进行的最基本前提。

（二）教案编写要规范、工整

教案是具有固定格式的专业应用文，师范生必须写出比较规范的教案，如果写成"师生对话录"、演讲稿或课文评析文章都是不符合要求的，切忌搞成"课堂教学实录"，即将上课要说的每一句话都写在纸上。要保证教案质量，不断修改完善。一份高质量的教案要做到"格式规范、目的明确、重点难点明确、内容充实、思路清晰、方法灵活、衔接紧密、使用方便"。教案必须操作性强、步骤清晰、条理清楚。教案是教学实施方案，要有很强的操作性。为了保证操作性，需要做到：一是要注意教法和学法，做到所有的教学内容都有配套的教法和学法，无游离于教学方法之外的教学内容。二是要用好执教语。执教语是教学步骤执行语、教学方法的使用语、教学活动的指导语、教学内容的领属语等，它们是教学说明性语言。编入教案的材料和观点，必须是经过严格筛选的，适合教学并能为本教案设计中的教学目的和教学重点、难点服务的。

（三）熟悉实习学校所用教材的体系、内容

新课程改革之后，我国出现了多个版本的教材，分别在不同地区使用。师范生在进入实习学校之前，首先，要清楚实习学校所使用的教材版本。教材的编写体系，是指由相关的教学内容构成的具有内在联系的教材整体，它为编写的指导思想所支配，它要在教材的相互关联的内容构成上体现出指导思想。其次，要通读整套教材，精细研读整本教材，这样才能准确把握教材内容。

（四）总结见习和试教经验

见习阶段的观察和学习是实习的基础，见习过程中师范生的所见所闻是了解基础教育最为直接的窗口，也是最为直接的学习模式。在见习过程中，师范生把自己的课与教师的课相比较，观察课堂气氛、学生反应、师生互动等情况，课后反复研讨见习课教学设计，写出书面评课意见，最后通过思考、消化、理解转化为实际教学能力。试教是师范生在教学见习的基础上进行的教学实践活动，是一种课堂教学技能的训练，对于提高师范生的教学能力具有不可替代的作用。试教前要按照要求认真备课，根据基础教育课程标准、相关教学理论、教材、学生情况等进行教学设计，并且要体现课程改革的新理念。在独立备课的基础上，经专业课指导教师审阅教案后，在模拟课堂情境中规范地完成课堂教学任务。课后，要认真听取指导教师意见，认真反思，进一步修改完善教学设计，为再次试教做准备。

（五）中考、高考试题的解题、命题训练

教学绕不开应试，考试是考学生，实际上也是考教师。基础教育中无论课堂教学还是考试都要遵循课程标准的理念，课程标准是教育考试命题的基本依据，是教育考试部门制定考试大纲的基本依据。考试是一个系统的过程，它主要包括试题编制、施测、阅卷评分、分数合成与解释等主要环节。首先，作为一名教师，研究考试目的、题型，进行试题编制和分析是教学工作的一部分，因此为提高教学技能，教师应该至少做近 3 年的中考、高考试题，研究解题思路、探讨解题规律、总结解题技巧等。其次，在解题训练、深入钻研教材的基础上，教师应根据试题设计原则、命题注意事项、参考答案和评分标准等进行命题训练。最后，教师还要进行模拟评阅试卷及试卷的分析与总结的训练。

四、物质准备

教育部就推进教师教育课程改革和实施而颁布的《教师教育课程标准（试行）》指出：教育实践课程不少于一个学期。目前，师范院校安排师范生到基础教育学校参加教育教学实习的时长一般在 10 周以上，在这段时间里，无论是单独自主实习还是集中统一实习，都涉及衣食住行等生活安排问题，要根据天气、实习当地交通等情况，落实好住宿问题，带好生活用品，安排好生活。另外，还要备好实习学校所用的教材、备课用的工具书及教辅用书等。

随着教师教育改革的深入开展，对卓越教师的培养也有更高的要求。师范生的实习工作是培养教师的职业认同感、责任感最重要的一环。2014 年 8 月教育部颁布的《教育部关于实施卓越教师培养计划的意见》指出："建立标准化的教育实践规范，对'实践前—实践中—实践后'全过程提出明确要求。"从《教育部关于实施卓越教师培养计划的意见》中不难看出教育实践前的充分准备是教育实践成功的前提，实习前的各项准备为实习取得实效打下了坚实基础。只有这样，才能在卓越教师的培养过程中注重未来教师气质的培养，营造良好教育文化氛围，激发师范生的教育实践兴趣，树立长期从教、终身从教信念。也只有这样，才能培养出一支高素质的教师队伍。

第五节　熟悉班主任工作

我国目前的教师教育基本上采用的是职前师范教育和职后的教师进修和培训，师范教育是教师教育的主渠道。一名合格的教师，除了要掌握丰富的科学文化知识、精深的学科专业知识和必要的教育教学技能外，熟练掌握班主任工作技能也是十分必要的。但在当前的师范教育培养体系中，班主任工作技能的培养并没有引起足够的重视，缺乏必要的课程设置和培训体系，这可以说是教师教育的一种缺憾。如何在四年的师范教育期间有效实施班主任工作技能的培养，是一个值得探讨的具有重大现实意义的课题。本书试图建立一种利用师范教育的课余间隙培养师范生熟悉班主任工作技能的培训模式。

一、师范生班主任工作技能培训的指导思想

为培养合格的 21 世纪中小学教师，贯彻落实《中共中央、国务院关于进一步加强和改进未成年人思想道德建设的若干意见》中"要完善学校的班主任制度，高度重视班主任工作，选派思想素质好、业务水平高、奉献精神强的优秀教师担任班主任"的精神，结合师范教育实际，以师范生自愿参加为原则，有效利用师范生在校的业余时间，引导师范生自主学习和训练，帮助师范生学习和掌握中小学班主任工作必备的知识和技能，促进师范生的自我修养，培养一批高素质的中小学班主任，以便有效提高班主任工作水平，切实推进未成年人的思想道德建设。

二、师范生班主任工作技能培训的目标与任务

在教师的指导训练下，师范生通过自主理论学习和技能训练，掌握一些班主任工作的基本理论和实践技能。

1. 班主任应具备的理论修养

班主任应具备的理论修养包括：了解班主任工作的基本理论体系；了解班级授课制的演绎历程及未来发展的路径选择；了解国内外常用的班级管理方法；了解国内几位知

名班主任及其主要管理思想。

　　2. 班主任应掌握的实践技能

　　班主任应掌握的实践技能包括：能整体规划并撰写 3 年或者 6 年的班主任工作计划；能策划大型系列综合实践活动并撰写活动方案；能就某个共性问题对学生进行集体教育并撰写演讲稿；能就学生个案设计个别教育方案；能组织学生召开主题班会课并监控进程；学会利用网络服务班主任工作；学习运用软件并服务于班级管理；能就学生个案撰写个性化评语；学习制作电子学生成长记录袋；了解一些基本的有关教育的法律常识。

三、师范生班主任工作技能培训的时间与方式

　　师范生班主任工作技能培训的时间是大学二年级至大学三年级的课余时间。师范生班主任工作技能培训的方式主要是以自主学习与自主活动为主，在阅读中积累，在操作中熟练，在讨论中提升。具体学习形式包括以下几种。

　　1）广泛阅读。师范生在教师的指导下广泛阅读相关材料。

　　2）专题讲座。适当邀请在班主任工作领域从事科研及管理实践的专家、学者及中小学优秀班主任就某些问题进行专题讲座式辅导。

　　3）主题活动。辅导教师首先对活动基本知识和操作方法进行介绍，然后提供素材和个案背景，指导每个小组或者个人制订并形成详细的活动方案。

　　4）专题讨论。师范生根据学习的情况，就当前学生管理的热点、难点问题进行小组专题讨论。

　　5）实景观摩。师范生到中小学实地考察并观摩优秀班主任的主题班会课及其他班级管理的材料，如学生成长记录袋、学生电子档案等。

　　6）技能学习。师范生要至少熟练使用一种教育软件，并会将其运用于班级管理。

　　7）课题研究。师范生应结合班主任工作的实际，拟定部分课题进行科研，最终能形成一篇论文。

四、师范生班主任工作技能培训的组织与管理

　　师范生班主任工作技能训练由师范院校教务处培养科负责管理，由学校聘请指导教师负责活动的指导与监督，师范生自主学习并组织活动，最终由学校教务处培养科对师范生进行考核和质量认定，质量合格者取得相应学分（一般可设置为 2 个学分），并颁发班主任工作技能训练合格证书。

五、师范生班主任工作技能培训的步骤

　　师范生班主任工作技能培训可按以下步骤实施。

　　1）完整阅读一本关于班主任工作的专著，结合自己的理解和思考，撰写关于班主任工作的理论架构，然后召开一次讨论会，大家各抒己见，时间控制在 3 个月以内，即大学二年级第一学期的 9～11 月完成。

2）完整阅读一本关于班主任工作方法方面的书籍，掌握基本的管理方法、管理技巧和管理艺术，了解国内外一些教育大学的管理艺术，并将各种管理方法整理出来。

3）阅读相关杂志、报纸、网站等，搜集整理一些专题文章，在学习别人的方法的同时，进行独立思考，可就某一两个特别感兴趣的课题做深入探讨。将搜集整理的文章装订成册，以备以后工作中翻阅。

4）就辅导教师设计的学生个案，设计一个个别教育方案，要求详尽可行，有具体的操作步骤。学生个案也可以是自己在报刊中寻找的典型案例。

5）就某一情境写一份集体教育的演讲稿，并进行演讲，由学生分组评议演讲的教育效果并修改演讲稿，直至成熟。

6）为寝室同学撰写个性化评语，要求体现出发展性理念，对其特点和优点给予充分肯定，同时指出他们的不足并指明改进方向，写好后交给寝室同学并展开讨论。

7）搜寻、整理、记忆并熟练讲述 100 个教育故事，故事要经典，并适合记忆、理解。

8）掌握基础计算机软件并用于班主任工作管理，能制作多媒体课件、学籍管理数据库等。

9）听取班主任工作方面的讲座，次数视具体情况而定；到中小学实地观摩主题班（队）会；就中小学的学生管理的热点、难点问题举行若干次讨论会；参与学校的新生接待工作。

六、师范生班主任工作技能培训的成绩考核

考核时间为大学三年级的第一学期。要求师范生提交的材料包括：①撰写的班主任工作理论体系框架；②整理并装订的有关班主任工作技能方面的文章；③自己设计的个别教育方案；④就某个共性问题写的演讲稿；⑤为寝室同学撰写并得到认可的个性化评语；⑥自己动手制作的学籍管理数据库；⑦自己制作的多媒体课件；⑧参与学校新生接待工作的证明材料。考核合格的师范生可获得 2 个学分并被授予班主任工作技能培训结业证书。

第六节　练就即兴演讲技能

即兴演讲是师范类学生教师职业技能训练的必修课，师范生通过即兴演讲的训练，不仅能够提高口语表达能力，而且有助于提高从教综合素质和就业竞争能力。为此，教师要从新颖独特的标题、独具匠心的开场白、丰满而有内涵的主体、意犹未尽的结尾、丰富的面部表情和体态语及演讲时的声音等方面强化对师范生即兴演讲能力的培养。

一、即兴演讲的主要特征

即兴演讲技能是口语训练中很重要的一项内容，是指在特定场景和主题的诱发下，自发或者别人要求立即进行的演讲，是一种不凭借文字材料进行表达情意的口语交际活动，具有临场触动、有感而发、议题明确、时空感强、主题单一、语言简练等特征。

即兴演讲通常是在事先没有安排和准备的情况下开展的演讲活动，大多是触景生情，有感而发，最能体现演讲者的真情实感。所以，从某种意义上讲，即兴演讲是最激动人心、最富于感情色彩的演讲艺术形式，充分显现其"临场触动，有感而发"的特征。

当然，一般演讲内容可以不受具体场合和时间的制约，演讲者讲述的内容具有一定的普遍性和超越时空的特点。但是即兴演讲却受具体的场合、现实议题的制约，没有统一的模式，需要演讲者就地取材，因事而发，触景生情。喜庆场合，为人助兴；哀悼场面，抒发哀思。可以说，特定的时空场所和社会氛围是演讲者赖以存在和发展的肥沃土壤。

由此可见，即兴演讲是在特定的场合，临时有感而发，演讲者无法仔细推敲，一般都是一事一议，主题单一，篇幅短小。这种演讲，时间一般在 1~2 分钟，最多不超过3 分钟。这不仅要求演讲者语言简练，还要求其语言能唤起听众共鸣、促进交流，更要求演讲者借助肢体语言达到与听众进行思想和情感交流的目的。

二、即兴演讲者应具备的素质

即兴演讲事先没有安排和准备，这对演讲者的素质要求很高，不仅要求演讲者有渊博的知识、深刻的思想和组织材料的能力，还需要演讲者有即时捕捉信息的能力和较强的应变能力。

渊博的知识是即兴演讲的基础。只有知识丰厚，才能在短暂的准备时间内从脑海中找到生动的例证和恰当的词汇，为即兴演讲增添魅力。这就要求师范生具备一定的自己所从事行业的专业知识，平时注意观察，关心国家大事，关注民生，了解风土人情、地理环境等。师范生还需要进一步关注我国有关教育方面的一些政策，学习优秀教师的先进事迹……这样，材料会相对全面、典型，所做的演讲也格外能打动人心。

深刻的思想和组织材料的能力是即兴演讲的命脉。只有思想深刻才能激发听众的认同感。这要求演讲者对内容能宏观地把握，通过表层迅速深入事物本质去认识，形成一条有深度的主线，围绕主线丰富资料，连贯成文，以免事例繁杂、游离主题。深刻的思想还需要演讲者对材料精心组织，要求演讲者在很短的时间里将符合主题的材料组合、凝聚，有效地展现出其知识的广度和思想的深度。

即时捕捉时事信息能力是即兴演讲的关键。只有即时捕捉听众感兴趣的信息，才能打动听众，促进听众参与的积极性。这要求演讲者对国内、国外发生的大小事情能做出敏锐的反应，并将这些主题运用到演讲中。

较强的应变能力是防止即兴演讲失败的"撒手锏"。即兴演讲由于演讲前没有充分准备，演讲时容易出现意外，如忘词、紧张等现象。遇到这种情况，只有沉着冷静，充分调动已有的知识，临时组织，才能使演讲得以顺利进行，最终反败为胜。

三、提高即兴演讲技能的策略

具备了较强的演讲素质，还需掌握一定的演讲技能，这样才能使演讲顺利进行并打动听众，取得良好效果。师范生提高即兴演讲技能可以从以下几个方面展开。

1. 新颖独特的标题

标题是一篇演讲词的灵魂。一个好的标题，不仅能吸引听众，夺人眼球，而且能正确而生动地概括全文。当然，题目选取角度要能够符合听众的心态、水平、爱好，演讲的时间、地点，演讲者的身份，如结合"师范生"可用"播种希望""我们心中有一条爱的彩带""迟开花朵的育花人"等标题表现出对教育事业的奉献，或用一句概括性名言或一句歌词，有时也能起到很好的导向和激发作用，如"阳光总在风雨后""感恩的心""风雨同舟"等。

2. 独具匠心的开场白

匠心独运的开场白能以其新颖、奇趣之美，给听众留下深刻的印象，能控制场上气氛，在瞬间集中听众注意力，从而为接下来的演讲顺利地搭梯架桥。文章开头最难写，演讲开场白同样不易把握，要想三言两语抓住听众的心，并非易事。如果在演讲的开始听众对你的话就不感兴趣，注意力一旦被分散，那后面再精彩的言论也将黯然失色。为此可采用一些出其不意的方法来达到预期效果，如可采用即景生题，巧妙过渡；或讲述故事，引入正题；或制造悬念，激发兴趣；或引用名言警句，引出下文；或引用诗歌或歌词，自然过渡到下文。

3. 丰满而有内涵的主体

仅仅有新颖的标题还不够，主体部分内容必须充实，才能使整篇演讲的语言显得丰满而有内涵。这就需要将脑海中的素材，在短时间内迅速组成一篇连贯的演讲稿。如果一场演讲中，演讲者所说的全是资料或理论，显然很难引起听众的兴趣，他自己演讲起来也像在背稿，一点新意也没有。所以，在精彩的演讲中所讲的内容，一定要跟自己经历的事、读过的书、见到的场景或听到的话有关，谈自己熟悉而确信的东西，这样，演讲的整个过程就很流畅，而不是泛泛而谈，且容易引起听众的共鸣。

4. 意犹未尽的结尾

美国作家约翰·沃尔夫认为"演讲最好在听众兴趣未尽时戛然而止"，其意思是最好在演讲达到高潮时果断"刹车"，以此来强化留给听众的印象。演讲的结尾，就是演讲的"收口""点睛"。好的结尾能揭示题旨，加深认识，给听众留下完整深刻的印象；能收拢全篇，使通篇浑然一体；能鼓动激情，促人深思，令人觉醒；能让听众在反复回味中受到教育和启发。所以，每位演讲者不仅要熟练地掌握演讲结尾的艺术技巧，而且要善于设计，安排出既符合内容要求又符合演讲情境的新颖而精彩的结尾。

5. 丰富的面部表情和体态语

法国心理学家休乐热说："人们交谈时说话本身的分量只占7%，语调占38%，面部表情和手势占55%，有时说了千言万语，一个手势就可以推翻。"面部表情在传达语言信息过程中能发挥积极的作用，即通过不同的表情姿态能准确地表达个人的喜怒哀乐，在交流思想感情的过程中体态语有着不可或缺的功效。在演讲的开头、中间或结尾处，或恰当地运用面部表情，或适量地采用部分手势动作（特别是激昂处），或根据场景加上某种体态语，往往能创造出一种鼓励斗志、振奋人心的气氛，收到意想不到的效果。

如果在演讲开头或结尾适当地加入部分手势动作，往往能起到事半功倍的效果，引起听众的共鸣。另外，师范生也可以用手势来强调歌词、诗句或有激昂感情、抒情色彩的句子等。

6. 演讲时的声音

声音是演讲中的一个重要因素。演讲者应该特别重视发音的准确和声音的富于变化，并注意克服紧张情绪，防止因紧张而带来的声音颤抖现象，影响演讲效果。

演讲能力不是通过一个或两个题目就能练成的，它需要长期的坚持练习。这要求师范生对每天所发生的事情能有自己的见解并表达出来，能经常与同学、老师交流自己的所见所闻所感，勇于在一些诸如"课上一分钟"、演讲技能练课等场合勤练口语。更重要的是，培养即兴演讲的能力可按以下步骤进行：先写演讲稿，凭借文稿练习演讲；一段时间后，可以不写文稿，仅靠列出演讲思路来演讲；最后发展到一见到题目，快速构思就能即兴演讲。

21 世纪世界各国的竞争是科学技术和人才的竞争，人才竞争的本质是教育的竞争。如何办好教育，培养新一代高素质的人才队伍，是人才竞争的关键。对于师范生来说，通过即兴演讲的训练，可提高他们不凭借文字材料的口语表达能力，基本做到表意准确、态势得体、善于应变，且如果能经常性地开展诸如演讲、说课等基本功的技能训练与竞赛，有助于提高他们从教的综合素质及就业竞争能力。

思 考 题

1. 结合实例，说明师范生培养高尚职业道德的重要性。
2. 教师最神圣的使命是什么？
3. 为什么教师要具备高超的演讲能力？

第三章 创设多种实践途径，拓宽教育实习渠道

教育实习是师范生在大学学习期间，真正走进中小学校园、中小学课堂、中小学生中间，实地进行课堂教学、班级管理、直面中小学生的实践环节，是操作性的学习环节，是结合书本知识进行的教育、教学的实践训练。基于教师工作具有高度的技术性，故从业人员（教师）必须经过长期的实践训练。《中华人民共和国教师法》第三条规定："教师是履行教育教学职责的专业人员，承担教书育人，培养社会主义事业建设者和接班人、提高民族素质的使命。教师应当忠诚于人民的教育事业。"可见教师工作具有知识性、实践性、技术性、艺术性、法定性、综合性和复杂性等特点。教育实习的实践性体现在其有计划、有目的、有指导的现场性，体现在其专业的基础训练方面。教育实习的任务包括教学实习、班主任实习、教育研究实习和教育管理实习。要实习先训练，因为只有师范生具备了做教师的各项技能，才有资格到中小学进行教育实习。所以，师范院校要在师范生学习期间带领其熟悉中小学生活与教育实践，培养其对中小学生的情感和责任感，帮助其掌握教学和教育工作技能。只有师范生具备了做教师的技能、知识和素质，他们才能自信，才能在教育实习中不再遭遇"震撼"。因此，师范院校在培养师范生的过程中，应为其创设多种实践途径，以拓宽教育实习渠道，让师范生到中小学进行教育实习成为其教育教学实践的关键环节。只有师范生技能强、素质高、知识面广、师德高尚、爱岗敬业，才能赢得接受教育实习的中小学欢迎。

第一节 开展真人图书馆活动

一、真人图书馆概述

真人图书馆与普通图书馆的形式很相似，但不同的地方是它的"书"是真人，读者可以通过与真人进行交谈，从而获取人生经验、生活经历等，并以此间接培养阅读兴趣，进而丰富自己的知识。真人图书馆之所以一经推出就受到社会的大力支持和推崇，一个重要的因素是社会认可真人图书馆的人道主义精神。真人图书馆开创之初，请的真人图书就是一些在社会上有争议的人，如酗酒者、流浪汉等。通过与这些人交流，深入了解他们，进而改变对他们的一些片面看法，这是出于人道主义的做法。因此，社会才认可并推广真人图书馆。可以说真人图书馆顺应了时代的发展和人们的要求，开设真人图书馆刻不容缓。

澳大利亚塔斯马尼亚州朗塞斯顿市图书馆的馆员苏·迈克·克拉农说："真人图书馆提供了这样一种机会，即让人们面对面地深度讨论人们不同的信仰、生活方式、生活环境，这些话题都是真人图书的借阅者以前从来没有听到或见到的。"

二、真人图书馆的由来

真人图书馆发端于丹麦哥本哈根由罗尼·艾伯格等 5 位年轻人创立的一种非政府性质的"停止暴力"（stop the violence）组织。当时在丹麦生活的混血青年艾伯格，目睹朋友在一次种族纠纷冲突中被刺重伤倒地，于是邀集 5 位同在丹麦哥本哈根的朋友，成立"停止暴力"组织，该组织在短短几年间仅在丹麦就有超过 3 万人署名加入。而它的宗旨是反暴力，鼓励人与人之间进行对话，从而在人与人之间建立良好的友谊。1993年 1 月，欧洲五大音乐节的丹麦罗斯克尔德音乐节（Roskilde Festival）邀请该组织共同筹办活动，主题是"互相理解"。在音乐节现场，出现了疯狂球迷与女性主权运动者沟通、街头涂鸦者与警察促膝长谈的画面，这些直接促成了"真人图书馆"的成立。

三、真人图书馆的发展

1. 平等互动及广泛参与是真人图书馆的发展前提

由于发展超过 10 年，这些"书本"的内容也更多元化，从受歧视者到现在加入的更多从事令人好奇的职业的人，如记者、警察、殡葬业者、政治圈人士等。但是"真人图书馆"与讲座、学术报告不同，读者阅读"真人图书"，"真人图书"也在阅读读者，他们为读者服务的同时也获得来自读者的信息，矫正自己的偏见。保持"真人图书"与读者的平等互动，以及读者广泛的参与热情是"真人图书馆"可持续发展的关键。

2. 真人图书馆作为一个全新的概念在世界许多国家和地区流行开来

真人图书馆，可以让读者"借"一个活生生的人与自己交谈，这个人能提供更多的见识。在周末，人们可在图书馆的户外咖啡馆与真人图书进行 45 分钟的谈话。在 2005年，真人图书馆这一全新的概念在欧洲流行开来，当年就有丹麦、匈牙利、芬兰、冰岛、葡萄牙等欧洲国家举办了十多次真人图书馆活动，同年，图书馆行业也开始涉及此项活动。之后，真人图书馆活动渐渐波及美国、加拿大、日本、巴西、墨西哥、泰国等国家。中国则在 2009 年 3 月 18 日由上海交通大学首次尝试。2010 年，洛阳的某个英语沙龙也模仿着做起来，而台湾世新大学图书馆则将教师作为真人图书纳入了馆藏。2017 年 5月 9 日，黄河水利职业技术学院开展了"王松祥：军营生活"主题真人图书借阅活动。真人图书馆作为一个全新的概念在世界许多国家和地区流行开来。

3. 真人图书馆知识交流的互动性和双向性是其发展的动力

真人图书馆的特点也决定了真人图书馆常常会引起民众的共鸣。由于真人图书馆知识交流的互动性和双向性，以及每个人生活环境、成长经历的不同，每个人都有着自己的独特故事，而如果这部分拥有丰富阅历的人愿意将自己的故事和其他人分享，是很有意义的。对于讲述者来说，讲述自己的故事其实是一种自我的梳理、回顾和反思，而之后通过多位倾听者不同角度的回馈，又能使其产生新的见解；而对于倾听者来说，在倾听与自己有相似经历的人讲述故事的过程中，分析现在遇到的难题，通过借鉴找到解决难题的最佳方法。我们原本只能经历自己的人生，世界之大，有无数种生活方式和生存选择，真人图书馆的存在，让我们找到了平行世界的交点。显然，在阅读和被阅读的过程中，"真人图书"和读者都会有不同的收获。"真人图书馆"没有藏书，而是召集有各种故事的真人。他们的"书名"是自己最想与人分享的经历或想法，读者阅读就是与"真人图书"面对面交流。"真人图书馆"并非大型讲座，要保证读者与"真人图书"的交流，所以借阅名额有限，网上报名，先到先得。"真人图书馆"更多的是一种公益性质的活动，完全免费，如果感兴趣却没借到"书"，可以通过网络观看视频。

四、真人图书馆的应用

师范院校有很多毕业于全国各大高校并且任职多年的有着丰富人生经验的优秀教师，在他们的生活过程中一定有着很多感触至深的故事可以向师范生娓娓道来，如介绍他们的人生阅历可以让师范生了解到超越学科知识本身的其他内容。师范生平时上课的时候只能学习书本上的知识，想要了解其他方面的知识只能去图书馆。如果真人图书馆成立，师范生可以向老师询问自己想要学习的内容，这样在老师的帮助下即使不能全面地了解到这门学科也能了解到这门知识的学科分类，可以锁定目标，不用自己在茫茫书海没有目标地寻找。如果能借阅到创业成功的毕业生，师范生就会学到如何综合应用在学校学习的知识进行创业，这样的真人图书不仅能开阔师范生眼界，使其分享到创业者在创业过程中所表现出来的对于自己心理理想追求的经历，还能指导他们正确选择未来的职业道路，更准确地找到自己的人生定位。此外，真人图书馆可以外聘校外专家来校，聘请实习刚刚回来的师范生，聘请考研考博成功的毕业生，聘请生活阅历丰富的同学家长，聘请学校的领导或普通员工，聘请不同专业的老师和校友等做报告。可见，真人图书馆的馆藏丰富，在师范生的培养中将发挥巨大的作用。

随着时代的发展，科技在进步，人的素质在提高，人们接受新鲜事物的能力也越来越强，所以，真人图书馆的成立打破了原有传统图书馆的模式，为师范院校注入了新鲜的血液，同时解放了学生原本被禁锢的思想，可以增加学院图书的馆藏资源，增加学生与学生之间的交流，增加学生与老师之间的交流，拓展学生的视野，为学生解决困扰。

真人图书馆更加需要有网络的加入。互联网有几大优点：不受空间的限制，可以节省很多人力物力；使用者众多，信息的传播速度很快，可以用视频、图片、音频等来丰富真人图书馆。例如，清华大学的真人图书馆"学在清华"的每一期讲授内容在网络上都可以查到；武汉大学的真人图书馆"爱书·就是这么任性"，在网络上点击率颇高。再如，真人图书志愿者可以使用一些道具，如在其他的真人图书馆中就有老兵的一枚战争勋章、运动员的一双跑鞋、流浪者的一只皮箱等道具，通过展示这些与主题相关的实物可以增添图书馆的吸引力并使对话内容更丰富。"阅读"完毕后读者可以通过写书评来对真人图书馆进行评价。

首先，真人图书（按照图书特色分块整理后汇总）可以按照纸质图书的归类方式进行归类；其次，书籍目录整理工作也应遵循纸质图书的整理方式，将书籍编码，录入网络平台（线上），制定借阅规则；最后，标记借阅状态。这是一个完善的工作，可以让真人图书馆的体系更加完善。

五、真人图书馆在师范院校学生培养中的作用

1. 培养师范生良好的沟通和交流能力，增强学校的文化氛围

师范院校在校开展真人图书馆活动主要借阅读"真人图书"来传播知识、分享经验，在开展过程中，活动领域可以相对广泛，并不局限于某一学科的专业知识或师范教育内容，师范生通过"真人图书"了解更鲜活、更生动的读书体会，了解不一样的人生经验、丰富见闻，增加多读书、多了解社会的机会，培养良好的沟通和交流能力，增强学校的文化氛围。

真人图书馆活动的开展需要有良好的组织和管理，包括活动前期的调研和宣传工作、活动时间的选择，活动地点的布置，以及真人图书的选题等，另外，真人图书馆活动的开展还需要具有可持续性，即制定切实有效的活动进度表，确保真人图书馆不流于形式，真正意义上发挥真人图书馆的作用。

2. 促使师范生了解教师职业、做好职业规划

依靠真人图书馆，师范生可以很好地了解自己想要了解的职业，从真人图书那里获得最真实的感受。就考研方向而言，师范生如何高效地学习考研学科的知识，如何应对考研的艰辛、孤独和枯燥的学习，如何把考研坚持下来，考研的后期复试的技巧等。就师范方向而言，师范生可以借真人图书的真实教学感受，了解现在的学校、课堂是怎样的，上课是什么样的形式，怎样处理课堂上的突发事件，如何与顽皮的学生沟通交流，怎样做到公平公正照看到班级里的每一个学生。如何当好一名班主任，关注不同年龄段学生的身心发展。例如，师范生可以与真人图书交流作为一名人民教师的内心感受，发生的有趣的、感人的故事。师范生还可以借阅优秀的教法老师，学到专业的数学教法。培养师范生的教态，拥有优雅的教师气质。这些宝贵的经验为师范生提供了非常有力的教育教学经验。真人图书与师范生针对职业发展问题进行多角度交流，让师范生结合自身特点，了解自己感兴趣的职业，并在多元思维冲击下，对职业规划有更多的启发。

六、真人图书馆的优势

真人图书馆中读者"借"一个活生生的人交谈，获得更多的见识，具有互动性、内隐性、交流性、全效性等特点。

真人图书馆有别于图书的优势在于它提供的真人图书有丰富的生活经验，这种服务通常是你在其他地方无法得到的。资料显示，国外的真人图书有球迷、女消防员、殡葬经理、女性主义者、治疗康复师、流浪汉、艾滋病患者、警察、素食者、政客、记者、外来移民、残疾人等各类人，他们都是志愿者。当然要招募到一本好的真人图书非常困难，首先他们是免费被借阅的，其次每个人都要有能力将自己的人生经验、隐性活态资源与他人分享。另外，真人图书和读者之间还要建立一种良好的沟通和理解关系，经常会面对面地探讨不同的生活方式、生活环境或者信仰，这些话题都是读者之前从没有接触过的。从某种程度上说，真人图书馆的使命是不仅让读者获取一些自己好奇的知识，还为了消除不同群体之间的歧视，增强人们的安全感，这也是我们阅读纸质图书难以获

得的最直接的感受。

七、真人图书馆的局限性

真人图书的本质还是人，是人就会有隐私，读者在阅读过程中，可能会涉及真人图书不愿意说的隐私，这是传统纸质图书不存在的一个局限。例如，我们可能会借阅关于人生经验方面的真人图书，假如是类似于谈健康对于一个人的发展的重要性，这里面可能会涉及一些真人图书的真实经历，如真人图书在某一个阶段因为一些原因让自己的身体很不舒服，进而影响了工作和生活，而这些原因正是真人图书不愿意说的隐私。

除此之外，读者借阅的时间也许会和真人图书的时间有冲突，可能读者有时间的时候，真人图书恰好没有时间，这个时候读者就不能阅读真人图书。另外，真人图书也不可能根据读者的精力、兴趣去借阅，而且借阅的时间也是有限的。

第二节　实施案例教学

师范院校是培养中小学教师的摇篮，高等教育的重要任务就是培养学生的创新精神和实践能力。理论知识的学习掌握是我国教育活动的一大优势，但实践教育却显得十分薄弱。随着基础教学改革的不断推进，如何培养出既具有理论基础扎实、知识面广、能力强，又具有创新精神、高素质、全面发展的优秀师范生来适应时代发展的要求，师范生课堂教学基本技能训练就显得十分重要。目前在许多师范院校中，师范生课堂教学基本技能的训练仍然延续陈旧的教学方式：以课堂为中心，以教材为中心，以教师为中心，采用上课记笔记、下课做作业、考试背笔记的学习方式，缺乏主动学习和探究学习的精神。针对师范生的实际情况，通过不断探索和实践，同时借鉴国外成功的案例教学经验，利用案例引导学生学习课堂教学基本技能技巧，则可以避免师范生在学习教育原则和方法中理论与实践严重脱节、生搬硬套教育教学原则的现象，使训练师范生教学基本技能的课堂变得生动、丰富，并拉近训练课堂和实际教学的距离。

一、案例教学在师范生课堂教学基本技能训练中的作用

（一）案例教学能促进专业基本技能的培养与训练

案例教学的模拟情境为师范生提供了准实践的机会，由于教学案例提供的是真实的、生动的、典型的教学事件，因此师范生在学习这些教学案例的过程中，能够从现实的角度出发，设身处地地从专业的角度思考案例中的教学问题，并结合有关的教育理论和讨论中的反馈信息，对案例做全面透彻的分析，在分析的基础上，探索多种解决问题的策略，并在探索和讨论的过程中，激发他们的创新意识、竞争意识、集体攻关意识，使他们在解决实际教学问题的过程中整合和理解教育学与教学法中有关教学的原理和方法。同时，师范生通过对教学案例中示范老师各种解决问题方法的学习和体会，在主动探索的过程中，尝试各种解决问题的办法和策略，逐步学会分析教材，处理教材的重点和难点，调动和激发学生的学习积极性等，并在以后的试教或教学中，知道从何处着

手进行教学，逐步形成解决实际教学问题、进行实际课堂教学的能力，为他们今后的实际教学提供可供选择的方案，缩短教学和实践之间的差距。另外，借助于案例教学，不仅使师范生从中获得了相关的知识，而且为师范生创造了表达自我观点并与他人交流合作的机会，使他们的口头表达技能、讨论的技能、人际交往的技能及合作的技能等都得到了锻炼和发展。

（二）案例教学能促进师范生内化知识，更好地掌握理论

不少人认为教学案例是特殊的典型，表现为某时某地的教学情境，不能传递理论知识。事实上，研究案例会促进师范生对理论运用的方式、原因等做出深入的思考。案例教学实际上是从经验与活动中获取知识、增进才干的，这些知识在案例学习的过程中，逐渐成为师范生知识与能力结构的重要组成部分。因此，经过一段时间的案例讨论后，师范生从案例教学中获取的理论知识就会慢慢地与原有的知识融合，成为已有认知结构的一部分，从而更好地掌握理论。

（三）案例教学可以帮助师范生理解教学中所出现的两难问题，掌握对教学进行分析和反思的方式

十全十美的教学是不存在的。教学所具有的特殊性质，使其总是处于两难之中，常常因为社会的需要、成人的利益，就多少忽视了学生的要求及儿童世界的特殊性。师范生从书本上了解到的有关内容，常是以理论分析的形式出现的，难以有切身的体会。案例教学就把两难状况相当真实地反映出来，师范生通过讨论案例中涉及的各种各样的问题，也就逐渐学会如何分析问题，遇到类似的情境或问题该如何对待，从哪些方面着手，同时也就掌握了如何对自己的教学进行反思并举一反三。这样师范生就逐渐养成分析问题和反思的习惯，将理论转化为自己的感悟，成为自己的知识。

二、应用案例教学培养师范生课堂教学基本技能的基本途径

1. 以教学录像作为教学案例

教学录像是音像案例，它既生动、真实，又可以回放、重现。在观看教学录像前，可要求每个师范生先试着按自己的思考设计教案，在看完录像之后，对比分析讨论，看谁的教学更能激发学生的兴趣，启发学生的思维。教学录像中用了哪些教学原则和方法，通过哪些手段让学生主动参与探究和思考，在教学中采取哪些手段和方法突出重点、突破难点，体现什么样的教学思想。讨论完后按自己的体会重新写教案，并请设计较好的同学登台试教，使整个过程在诱思、体验、讨论、体悟、实践等环节中进行。

2. 以实际的课堂教学作为教学案例

充分利用我们的实验基地，让师范生进行教学见习，带着问题去听老师讲课、帮助老师批改作业、辅导学生、参加学生的课外活动等。这样做能让师范生逐步学会了解学

生，逐步学会分析学生的知识基础和心理发展水平，发现学生在学习中的问题，并就此商讨各种解决办法；体会教师对教学原理和教学方法的灵活运用，讨论教师对教学中出现的问题的解决办法是否恰当有效。

3. 以师范生在试讲中出现的真实问题作为教学案例

技能是以知识为基础，经过有步骤的练习而形成的。从一节课的进程来看，课堂教学基本技能大体包括组织教学技能、导入技能、讲授技能、板书板画技能、提问技能、反馈和强化技能、结束技能。在学生掌握技能原理的基础上，让师范生自己选择教学内容，自行设计并试讲，然后利用微格教学对师范生试讲中出现的各种问题，通过自评、他评、讨论的方式反复进行训练。

4. 以在网络和书刊中收集到的范例作为教学案例

在网络和书刊中收集到的案例一般是体现了新课程教学理念的优秀案例，教师在教学的时候要启发学生，体会这些案例所反映出的先进教育理念及教师对教学的创新设计、讨论该案例是通过哪些手段和方法体现学生主动参与探究和思考的，是如何调动和激发学生的学习积极性的，教师对学生的学习方法是否有指导，教学目标的设计是否符合新课程的教育理念等。

在进行案例教学中，教学双方都是参与者而不是旁观者。教师有责任从大量案例材料中选择合适的案例，进行系统分析，全面掌握相关知识，并适当提前给学生布置作业，组织讨论，一改以往的权威形象，做促进学生讨论及反思实践的组织者、指导者和促进者。而学生不再被动地接受知识，积极地收集与案例有关的教学理论、教学原则和教学方法，确定案例中的问题所在，寻找更多更好的解决问题的方法，积极参与课堂中的讨论，负责地对案例材料进行分析，在讨论中发挥一定的作用。

第三节　搭建慕课平台

近几年，以美国为主导地位的慕课迅速风靡全球。为了迎接慕课对传统教学模式的挑战，本书从教师的角度分析了应对慕课的三种模式，提出了教师在知识学习、知识传授和知识创新方面正面临着新的挑战，从政策层面思考了如何为教师创造有利条件，使教师能够在新一轮教学改革中发挥更好的作用。

2013 年 5 月以来，《人民日报》《光明日报》《中国教育报》《中国科学报》等报纸纷纷在显著位置介绍了慕课的来临和影响，国内许多一流大学也纷纷宣布加盟美国大规模在线课程的三大平台。一瞬间，慕课犹如波涛汹涌的大潮冲击着高等学校，冲击着学生，也冲击着教师。如何面对慕课来势凶猛的现象，如何透过现象抓住事物的本质，如何因势利导、顺势而为是目前摆在高校每一位教育工作者面前的崭新课题。

一、慕课的含义与发展

慕课是 MOOC 的谐音，其中"M"代表 massive（大规模），第二个字母"O"代表

open（开放），第三个字母"O"代表 online（在线），"C"则代表 course（课程），即大规模开放在线课程。慕课起源于美国高校，到 2016 年中国慕课用户超过 1000 万。慕课发展速度之快、范围之广是人们始料不及的。

2012 年 5 月麻省理工学院和哈佛大学联手实施 edX 网络在线教学计划平台。第一门课"电子和电路"即有 12 万名学生注册，到 2012 年秋季第一批课程的学生人数已突破 37 万；2011 年来自 190 多个国家的 16 万人同时注册斯坦福大学的"人工智能导论"课，催生了 Udacity 在线课程平台；Coursera 则是另一位由斯坦福大学学者创立的网络课程平台，2012 年 4 月上线，4 个月后学生人数便突破 100 万。edX（在线课程项目）、Udacity（在线大学）和 Coursera（课程时代）被称为慕课的三大平台，到 2016 年三大平台用户超过 1 亿。由于 2012 年美国在慕课建设方面取得了迅速发展，2012 年被《纽约时报》称为"慕课元年"。据英国《泰晤士报高等教育副刊》2012 年 12 月 14 日报道，英国也将推出大规模在线课程平台 Future Learn（未来学习），以应对来自美国"三大平台"的竞争和挑战。虽然世界许多国家也已发展多年网络远程教育和视频课程，但美国一些著名高校却能够因计算机技术和教育理念的创新在课程建设方面再次引领了世界潮流，不能不引起人们的深思。

我国从 2003 年起，已有 286 门大学视频公开课程上网。但根据网易公开课的一份统计数据，看国内高校公开课的比例仅占 13%。面对美国慕课所产生的巨大影响，2013 年，国内许多高校纷纷加盟慕课平台：2013 年 3 月，北京大学启动慕课开发工作。2013 年 5 月，清华大学、北京大学同时宣布与 edX 签约，拓展在线教育模式。2013 年 7 月 8 日，上海交通大学宣布加盟 Coursera，成为加入 Coursera 的第一所中国内地高校。其后，复旦大学与 Coursera 达成一致意向，向 Coursera 网络免费提供中文或英文教学的在线课程。2013 年 9 月 23 日，北京大学的 4 门课程在 edX 平台正式开课，成为中国内地上线的首批全球共享课程。2013 年 10 月 10 日，清华大学直接推出共享课平台，"学堂在线"推出了中国本土的慕课网站，成为全球首个中文版慕课平台。到 2016 年，利用"学堂在线"学习英语的人数超过 1 亿。

面对慕课的迅猛冲击及国内高校的快速响应，有人认为互联网技术引发的这场教育变革是一场新教育革命；也有人质疑慕课的革命性，认为这不是什么颠覆性创新，也不会对学校的地位和作用产生根本的改变。慕课作为新生事物，遭到人们的质疑是正常现象，如果现在就对它的是非功过下结论还为时过早。但是，相对于目前传统的课堂教学模式，慕课在教学理念、教学内容、教学方式、教学效果方面所表现出来的优势是显而易见的。以积极的态度面对慕课的挑战，有利于提高我国教育现代化的水平。当前，应对以美国为主体的三大慕课平台对传统教学带来的冲击，无非有 3 种选择模式：一是积极投身于慕课的建设；二是认真考虑慕课平台的应用；三是以慕课为契机积极探索新的教学模式。无论选择哪一种方式，对于高校教师而言，慕课既是警钟，又是推动教师尽快投身教学改革的驱动力。

二、慕课对高校教师教学能力的挑战

面对慕课教学模式的冲击和挑战，我们既要反思计算机技术在教学中的实际应用效果，又要认真思考教师的教学能力如何能够进一步得到提升。

（一）教师学习知识的能力面临挑战

毫无疑问，一门深受学生喜爱的课程，必然是教师综合知识水平的具体体现。当我们借鉴慕课建设经验的时候，不能只见物不见人，既要关注计算机技术的强大推动作用，也要注意关注教师的知识结构对提高教学能力所产生的重要影响。

美国大学教师知识结构包括学科性知识、跨学科知识、实践性知识和条件性知识。学科性知识是大学教师所具有的某一学科的专业知识；跨学科知识是两类或两类以上学科性知识的交叉或融合；实践性知识是大学教师在运用学科性知识和跨学科知识中积累起来的知识；条件性知识是大学教师得以顺利开展人才培养、科学研究和社会服务的知识。从美国大学教师的知识结构不难看出，学科性知识和跨学科知识共同构成了美国大学教师的理论基础，实践性知识是对理论知识的检验、丰富和完善；而条件性知识则是促进大学教师理论联系实践，实现知识创新的保障。我国也有学者将教师的知识结构分为3个方面，即所教学科的知识（能教）、教育专业的知识（会教）、教育专业精神（愿教），认为当前应该加强教师教育专业知识及教育专业精神的培养与提高。

近几年我国高校教师队伍博士学位的比例逐年提高是一种可喜的现象。但与美国大学教师的知识结构相比，我国高校教师队伍的不足突出表现在两个方面：一是知识的广度不够，缺乏教育学知识的系统训练，对教育学知识、心理学知识和教学法知识了解甚少；二是知识的深度不够，由于实践性知识的缺乏，许多教师在当教师之前少有企业工作的经历，当教师之后缺少接触实际的机会，实践经验和实践性知识的明显不足，影响了知识的融会贯通和深入。过去，在描述教师的知识水平时，常用"给学生一碗水，教师要有一桶水"来形容，目前，许多年轻教师通过博士学位得以留校，迅速实现了由学生向教师的角色转换，但是否实现了具有"一桶水"的功能转换？博士学位在一定程度上反映了对学科性知识的掌握，但作为一名称职的大学教师还有许多知识需要补充和完善。目前，因具有博士学位可以在短期内评上高级职称的职称评审制度，在一定程度上削弱了年轻教师完善知识结构的积极性和主动性。

（二）教师传播知识的能力面临挑战

教师具有丰富的知识，但能否有效地传播给学生，还有一个"会教"的问题。我们可以发现慕课的授课形式不同于传统的45分钟授课。

1）对授课有效时间进一步细化。慕课的视频课程往往被切割成10分钟甚至更小的"微课程"，这是基于对大脑的认知研究而确定的，考虑到人的认知活动在最初10分钟是高效的，超过10分钟的认知效率往往会逐渐衰减，因此，具有讲述一个主题、指向一个目标、解决一个问题、时间在10分钟以内的"微课程"形式受到普遍欢迎。

2）增强了教与学的互动。慕课不再是教师低头对着计算机屏幕而根本不顾学生听还是不听，慕课不仅可以将微课程通过PPT、手写板、微视频和微音频的方式随时随地呈现，而且将许多问题和知识点连贯起来，如同游戏里的通关设置，学生只有答对才能继续完成下一步的学习。

　　3）注重知识传授过程的信息反馈。慕课能够及时提供给学生答疑解惑的服务。学生在学习过程中有疑问，不仅有"课下见面会"，也可以在平台上直接提出，5分钟左右就会有教师提供解答。不仅方便了学生的学习，也有利于任课教师通过信息反馈，及时了解学生接受知识的情况，进一步改进授课内容和方式。

　　从慕课的教学模式可以看出，时间的缩短、师生的互动、信息的反馈均取决于教师的巧妙设计。教师不仅要合理控制时间，还要精心设计问题与答案，更要及时通过信息反馈进一步改善教学质量。这就需要高校教师不仅要真正树立以学生为中心的服务理念，而且要潜心于教学方法的研究，不断提高传授知识的能力和水平。

　　（三）教师创新知识的能力面临挑战

　　美国某杂志曾刊发一篇文章称"未来50年内，美国4500所大学，将会消失一半"。国内也有"慕课是否会取代大学"的担心，一些目前已积极投身于慕课建设的教师也表示"投身'慕课'与其说是激情，还不如说是受危机感、压力所迫，硬着头皮也要上"，不管慕课将来会对高等教育产生什么样的影响，当前慕课已经导致了激烈的竞争，这种竞争必将会表现在国家之间、学校之间、教师之间的优胜劣汰。

　　就教师而言，具有良好的学习知识能力、传播知识能力还不够，要适应日益激烈的竞争还需要具有创新知识的能力。可以预见，当慕课建设发展到一定的阶段，喜闻乐见的教学模式将不再满足学生的更高需求，而竞争的焦点必然会由教学模式转变为新的教学内容，这是科技进步和发展的必然规律，也是学生面对社会发展的强烈愿望。如何提升教师个人的知识创新能力，也是当前教师需要考虑的问题。知识的创新离不开知识的积累、融合和贯通，需要从两个方面进行积极的挖掘：一方面是教师个体的知识挖掘，教师利用个人的知识和经验不断进行总结和提高，可以是教学方面的知识加工和提炼，也可以是科研方面取得的成果应用于教学之中；另一方面是教师群体的知识挖掘，具有不同年龄结构、不同知识结构、不同学科背景的教师群体具有更加广泛的创新基础和条件，是实现协同创新的重要途径。

　　创新知识既需要教师具有知识挖掘的积极性，也需要营造良好的氛围。在知识创新的过程中，有一个由"隐性知识"向"显性知识"的转化过程。这个过程需要积极地与人交流和沟通，集思广益通常比个人冥思苦想具有更好的创新效果。值得注意的是，这种良好的研究氛围还是比过去淡化了许多，一方面，由于高校普遍存在重科研、轻教学的现象，以集体讨论方式的各种教学方法研讨活动已比过去明显减少。另一方面，由于各种考核指标经层层分解之后最终直指个人，出于明哲保身的需要，教师的协作精神明显下降，开诚布公交流的愿望明显降低，客观上限制了协同创新的发展。在这样的背景下，如何扬长避短、因势利导、不断提升自己的知识创新能力，需要教师更好地发挥自己的主观能动性。

三、实施慕课的建议

　　目前，包括美国、英国、日本、澳大利亚、中国在内的十几个国家都在积极推进慕课的建设，都希望在教育全球化的发展进程中逐步扩大自己的影响。应该意识到，慕课的冲击绝不仅仅是对眼前的教学模式的冲击，它会逐渐从课程、教育、文化、信息化诸方面波及各个国家的发展战略。需要国家、高校、教师共同关注慕课的影响，既需要国家从规划层面加强对教育现代化的顶层设计，也需要学校从操作层面对提高人才培养质量进行更加积极有效的探索。在应对慕课冲击的操作层面应关注以下几个问题。

（一）进一步增强以学生为中心的教学理念

慕课的教学模式在很大程度上体现出以学生为中心的教学服务理念，这是一个值得重视的特点。虽然在我国许多高校可以看到"一切为了学生，为了一切学生，为了学生的一切"的宣传口号，但真正表现在教学上依然是以教师为中心。教师在教学内容、教学方法、考核成绩诸方面占主导地位，很少考虑学生的需要和感受，一些教师在教学方面投入的精力较少，直接把书本上的知识制作成电子文档，成为一种新的照本宣科的方式，教学被当作次要的、应付的工作，精力主要集中在科研项目。这些现象的产生既来源于高校重科研、轻教学的传统观念，也起因于部分教师的价值观、利益观的变化。是处处为学生利益着想，还是处处为个人利益着想，考验着每个教师的职业道德，也影响着教师的职业水平。

（二）进一步建立科学的教师评价体系

一门好的课程应该受到学生的普遍欢迎，一位好的教师应该受到师生的广泛称赞。慕课的走红得益于学生的评价。如何激励广大教师更好地投入教学工作，评价是一个重要的导向。随着教育改革的不断深入，对高校教师的评价由过去的定性评价逐渐转入定量评价为主，虽然目前的评价体系对于高校每年完成的各项工作指标起到了很好的作用，但着眼于高校的长远发展也存在一些薄弱环节，主要表现在两个方面。

1）评价的标准。目前许多容易量化的标准可以在各种表格中看到清晰的数据，如奖项、文章、经费、课时等。而一些难以量化的标准逐渐被淡化，如道德标准、服务意识、协作观念、创新能力等。定量标准与定性标准是矛盾的，也是统一的，如果忽视了定性标准，很多定量标准就会失去其真实性和可靠性。

2）评价的方法。目前对高校教师的评价缺少来自社会、同行、学生的广泛参与。特别是学生对教师教学效果的评价形同虚设，学生评价能够直接对教师教学效果进行信息反馈，具有不可替代性，是促进教师不断提高教学质量的重要环节。

（三）进一步完善对教师的考核制度

考核是许多单位试图解决绩效的重要举措，"好"与"坏"可以由评价的标准进行识别，但识别还需要有一个认识的过程。"试玉要烧三日满，辨才须待七年期"，说明对人才识别的复杂性和长期性，教师考核不能简单照搬企业或机关的管理模式，要充分考虑知识型员工的成才规律及特殊性。我们常用"十年磨一剑"来形容许多高校教师在教学或科研工作中所取得的成绩。慕课的建设不仅是计算机和网络技术的应用，其中也凝聚了教师教学经验的积累和对教学方法的长期钻研的成果。如果每年年终都要用定量指标考核教师合格与否，那些"宁坐板凳十年冷，不让学问一时空"的有识之士恐怕也只能空怀壮志了。面对慕课迅速发展的成功经验，反思目前许多高校在计算机辅助教学（computer aided instruction，CAI）方面存在的简单化和形式化问题，高校的许多急功近利行为是否与当前的考核和奖惩制度存在关联。

2006 年，比尔·盖茨和乔布斯对话时称："互联网民用发展 20 年来，几乎冲击了所有领域，而对教育的影响小得令人吃惊！" 2013 年，慕课对我国高等教育的影响和冲击值得讨论和深思。如果说 2012 年美国因慕课的影响而称为"慕课元年"，那么中国的 2013 年可以说是掀起了一场"慕课风暴"，这场风暴会在一定程度上对教育改革的发展起到划时代的作用。

第四节　尝试翻转课堂

结合本校实际利用微课教学训练，将学科内容转化为教学内容，使理论与实践相结合，培养翻转课堂模式下师范生微课教学能力，是新型师范专业教师培养的途径。

提高教师应用信息技术水平，更新教学观念，改进教学方法，提高教学效果；探索开放式、可视化、可复制的翻转课堂学习模式已成为我国教育信息化资源整合的重要手段及研究热点。结合信息化大环境下对教师信息素养的高要求，大力加强教师教育改革，创新培养模式已刻不容缓，师范生的核心能力即教学能力，翻转课堂时代的到来，掌握微课的制作技能有利于师范生拥有更好的信息素养。微课教学培训，可以帮助师范生掌握先进的教学理念，在师范生的教育培训中有着重要地位，是师范生在信息化条件下组织、实施教学活动的专业新技能。

一、微课与翻转课堂的概念

微课是"micro courses"的英译，微课的创造者是美国新墨西哥州圣胡安学院的高级教师、学院在线服务经理戴维·彭罗斯，他称微课程为"知识脉冲"（knowledge burst）。1960 年，美国阿依华大学附属校区创办的名为"短期课程、课程单元"是在学科范围内由一系列半独立的单元（专题）组成的一种课程形式，依托视频为载体开展的微型视频教程，包含与教学相关的微型教案、课件、实训、总结、评价等支撑性和扩展性的资源整合，进而形成公开性、网络化、项目化、情境化的资源共享与互动的开放式教学环境。在中国，上海师范大学黎加厚教授给出的定义为微课程是指在 10 分钟以内，有明确的教学目标，内容短小，集中说明一个问题的小课程。新的教学模式一经推出立刻引起重视，学生对微课产生了浓厚的兴趣，满足了大数据时代多样化教学的需求，既顺应了社会的发展，也体现了科技水平的进步。

翻转课堂又叫反转教学。常规教学模式是教师通过课堂集中授课，集中答疑解惑，逐个辅导，布置作业，学生实践练习的过程，翻转课堂其实就是学生在正式课堂之外观看微课视频，学习课程内容，然后在正式的课堂时间段里和教师同学一起答疑解惑，掌握相关知识和技能并学会应用。

二、翻转课堂教学模式的起源、发展及优势

（一）翻转课堂教学模式的起源和发展

据文献资料显示，翻转课堂这一概念最早起源于 19 世纪早期，得益于美国西点军校中某位将军的某套教学方法。该将军要求学生在课前学习教师提前下发的资料，课堂上依靠小组协作解决问题，启发学生进行批判性思考。这一套教学方法为翻转课堂的出现奠定了基本的理论基础。2000 年，美国科学家开始在论文中提到他们在美国迈阿密大学讲授"经济学入门"这门课时采用了翻转教学的模式，并展示取得的成绩。而 2007年，美国科罗拉多州林地公园高中的教师亚伦和乔纳森，率先尝试利用软件把教授新制的 PPT 录制成教学微视频，上传到互联网上供学生学习参考。两位教师采用的翻转课堂教学模式，提高了学生的学习兴趣，提高了教师的教学质量，颠覆了传统教学模式，吸引了世界各地的教师加入实践翻转课堂教学模式的行列。翻转课堂教学模式的应用范围在逐渐扩大，翻转课堂教学模式的实施提升了学科教学质量和学生能力素质。

（二）翻转课堂教学模式的优势

1. 任务清单帮助学生高效自主学习

翻转课堂采用的任务清单能够让学生带着真实的任务学习，帮助学生认清要达成的目标，明了学习途径与方法，并借助学习资源实现高效自主学习。

中国的基础教育与国外的基础教育有很大差异。因此，要在中国推行翻转课堂教学模式，必须找到一个切入点，任务清单正是一个指导学生开展自主学习的切入点。任务清单就是教师设计的用以指导学生自主学习的方案。

2. "一对一效应"提高学习效率

在教学实践中我们发现，教师为缺课同学补课，通常 40 分钟的课堂教学内容，最多只需要 20 分钟就可以完成，这是因为，在一对一的补课中，受环境干扰最少，注意力特别集中。翻转课堂教学模式的显著特征是"人机一对一"，当教学视频及使用的学习材料具有足够的重要性、趣味性或其他吸引学生关注的因素的时候，就能产生与面对面一样的"一对一效应"。

3. 课余学习与课堂练习相结合

传统的课堂是"课堂学习+课后练习"，而翻转课堂则是"课余学习+课堂练习"，重构了学生的学习过程，教师的教学成果自然显著。教师将传统课堂上 30 分钟左右的讲解浓缩到 10 分钟左右的教学微视频里，且可以永久存档，方便学生反复观看学习，并且学生可以随时按暂停键来做笔记和理解知识点。这样兼顾了不同学习能力的学生的学习情况，减少了教师的重复讲解，节约了课堂上宝贵的教学时间，学生有大量的时间进

行小组合作学习，教师也得以与学生进行充分的互动。

三、师范生微课教学翻转课堂组织与实施过程

微课是翻转课堂的重要组成部分，微课的质量主要取决于教学设计，合理的教学设计是保持学习者有意注意的最佳方式。翻转课堂中使用的微课，应是通过网络平台展示并服务于课堂的教学环节或多个环节组成的教学活动，在计算机课程中的微课应包含教师讲解、操作演示"微视频"。教师在对计算机教育专业师范生进行的翻转课堂模式微课教学培训中，指导师范生利用微课制作软件 Camtasia Studio 8.0 进行实时同步的方式记录屏幕和声音，此软件可以同步记录教师使用鼠标和键盘的操作过程，并使用屏幕画笔标记重、难点，为强调现场感，可在屏幕右下角植入教师授课场景，视频控制在 10 分钟以内。把计算机操作类课程知识点放到项目中，再把项目分解成一个个小的案例"装"进微课，小案例可单独存在，也可以融汇成一个项目，能做到学有所获、学有所得。同时，注重对师范生制作教学辅助课件与案例能力、搜集素材能力、学习资源能力的培养，从而提高师范生的课堂教学水平，加速师范生的专业成长。现依据翻转课堂设计原理，提出师范生微课教学翻转课堂培训模式。

（一）学情分析

制作计算机操作课程微课前应针对自主学习者的操作技能和认知水平进行分析，制定针对不同学科、学段学生的微课程，进行个性化、差异性教学，提供灵活的学习服务，做到不同能力学生各有所得。

（二）课程导入

课程导入在微课教学中也起到重要作用，好的导课能激发学生的学习欲望，调动学习兴趣，引导学生迅速进入学习状态。鉴于微课授课时间简短，这就要求教师必须迅速有效地切入教学主题，这点对于仅有 10 分钟左右授课时间的微课至关重要。

课程导入的常见手段有如下几种。

1）突出趣味性：以平面设计课程为例，展示网络图片中的换脸术时把 A 的脸装到 B 的身上，学生会觉得很有趣，并且跃跃欲试想要掌握新技能，教学效果突出。

2）注重实际性：以日常生活实际为切入点，通过生活中的常见问题引入新课，以平面设计课程为例，日常拍摄照片时常由于光线、抖动等原因造成照片模糊或瑕疵，如何处理才能还原照片清晰度及色彩色调呢？如此结合生活实际的课堂导入，必定会引起学生极大的学习兴趣。

3）设置悬念：给出处理后的图片，再展示原图，请学生一样找出几处不同，然后提出问题：是原图好还是处理后的图片更生动呢？是如何达到这些不同的呢？调动学生学习的主动性，使教学水到渠成。

4）知识进阶：上课时展示学生作品，从学生已知内容着手，加以深入引导学生发散思维，从而导入微课。展示学生作品的本身，会极大调动学生的自豪感，其他学生也想自己的作品被展示，学习兴趣自然浓厚。

总之，课程导入的方法灵活多样，但力求新颖、实效性强，能迅速切入主题。良好的开始是成功的一半，更是师范生的必备素养。

（三）微课课件的制作要求

1）课件清晰、简洁。制作微课课件时，应注意对时间的把握，确保在 10 分钟左右的时间内完成，在确保视频相对独立、完整的前提下，涉及的知识点内容不易过大、过多，突出主题。

2）内容合理、目标明确。课件内容应以解决教学过程中的重点、难点为宗旨。应注重课程导入和课程小结部分的设计。

3）课件形象、生动。课件应综合应用演示文稿的强大功能，紧扣教学目标，又具备趣味性，调动课堂学习气氛，激发学习兴趣。

4）增强媒体交互功能。在课件中增加提问、调查等环节，在课件播放中，媒体互动可以使学生在轻松愉悦的学习氛围中掌握微课内容。

（四）新授课程

在进行计算机新授课程的教学过程中，最好注重操作性、步骤性，强调重点内容，注重效果呈现，尽量避免理论过于灌输，主张理论够用操作先行的理念。教师应要点精讲，积极采用启发式或引导式传递新知识，不仅做到传授新课，还能调动学生的积极性，从而激发其创新能力，这对计算机应用类课程大为有用，在短短 10 分钟的教学时间内达到如此高的教学目标，就要求教师对课程的把握更透彻、课程整合能力更强、操作能力更高超，对教师专业素质要求更高。

（五）实践中常见问题及对策

1. 选题作为微课制作中的重要环节

以短小精悍而闻名的微课，在授课时间上应严格掌控，通常在 10 分钟以内。这就要求选题必须精准、目标明确，紧密围绕知识点进行讲解，突出针对性。

2. 多段微课片段衔接

注重师范生对教材把握能力的培养，在翻转课堂教学模式中教师多采用对教学内容进行梳理、筛选、整合，把适合操作演示、讲述的知识点提取出来，细化成小却完整的知识模块，但模块间是分离的，这就需要教师吃透教材，明确教学目标和内容，确定重点、难点，搜集素材，进行微课教学设计，保持微课教学的连贯性。

3. 教学课堂组织

计算机教育专业师范生翻转课堂教学培养一般分 4 步：①就已掌握的知识点引入本次课内容；②观看视频至重点、难点暂停；③有针对性地提出问题、探讨、分析、讲解、消化等；④学生操作案例，播放下一条视频。重复这些步骤，针对具体情况进行讲解，涉及操作技巧、隐蔽功能等问题时，可详细讲解，多举案例，直到学生对该工具或控件有直观、立体的理解为止。翻转课堂教学模式从根本上解决了学生对翻转课堂无从下手的问题，让学生按照上述 4 个步骤模拟设计出微课，自信满满地交出自己的作品。

4. 完善评价机制

微课的学习资源是由师生相互建构学习动态生成的。为调动师范生制作微课的积极性，针对师范生完成的微课作品，进行分组互评，可把优秀作品上传至教学网络平台或班级群中举办分期作品展；教师搜集教学相关知识点开展拓展任务，接受能力强、水平高的学生可以挑战拓展任务；师范院校定期组织微课设计大赛供学生竞技，选出优秀学生进行拓展训练，参加省级、国家级微课比赛，做到学生学有所获、学有所得，从而达到分层次教学的目的。

5. 教学反思制作

依据制作者选题和微课视频录制后的观看效果进行点评，分组制作微反思，让师范生在竞技中进步，争取做到零差评微课。

基于以微课为载体的翻转课堂教学特别适合大数据时代师范生微课技能的培养，微课不仅满足了对学生分层次教学的个性化需要，还有效解决传统教学中教学过程不可复制的重大难题，微课在未来必定会得到广泛推广。因此，教师更需重视教学的针对性和实效性。高校更应突出微课教学在师范生教学技能培养中的重要性，与此同时，高等院校的微课研究者应与时俱进，加快教育理论的发展和教育技术进步的速度，以培养出更多掌握信息化教学技能的高素质师范毕业生。

第五节　加强微格教学[①]

随着社会的进步和发展，教育正经历着一场深刻的变革。课程改革与教师教育已成为时下人们所关注的热点话题，教师专业发展（teachers professional development）和高校师范生培养，也成为世人所瞩目的话题。教师专业发展是一个持续不断的成长过程，该过程主要由职前培养、资格任用和在职培训三个阶段组成。职前培养是教师专业发展的起始阶段，对其今后的专业成长有着至关重要的影响。

当前，随着我国高等教育大众化、教师教育的开放化，我国传统的三级师范教育体系（高师本科、高师专科、中等师范）已经打破。1999 年教育部发布的《关于师范院校布局结构调整的几点意见》明确指出，要重组师范教育资源，调整学校布局，提升师范教育重心，提高教师培训质量和效益，经济发达地区的师范教育要从三级师范逐步向一级师范过渡。也就是说，师范教育的层次结构发生了变化，由三级师范教育体系向二级师范教育体系（高师本科、高师专科）转变，甚至是教师职前培养由二级师范教育体

① 刘国皇，2009. 教师专业发展视域下的高校师范生微格教学实践探析[J]. 成都大学学报（教育科学版），23（1）：57-60.

系向"新三级"（高师专科、高师本科、高校研究生）的方向过渡，教师教育进入了新的转型期。在这一转型过程中，存在着许多矛盾和问题，如师范生的高学历与低素质的矛盾日趋突出，对教师教育的政策倾斜不够导致优质师范生源较为缺乏，当前教师教育的教学内容和方式等滞后于国家教育改革发展的需要，新的师范教育体系强调了教师教育的开放性却弱化了教师教育的专业性等。可见，旧的师范教育体系已被打破，新的教师教育体系又未完全确立，新老矛盾交织，导致了在基础教育课程改革的背景下，我国当前的教师职前培养在总体上呈现出不适应造就高素质专业化教师队伍需求的状况。因此，从教师专业发展的视角，分析和探讨高校师范生微格教学问题，对进一步深化教师职前培养即师范生培养问题的探讨和认识，推动基础教育和高等教育课程建设和课程改革，推动素质教育和保证教师教育的培养质量，为教师终身的专业化发展打下扎实的基础，具有十分重要的理论和实践意义。

一、微格教学的基本含义及其特点

（一）微格教学的基本含义

微格教学又称微型教学、微观教学、小型教学。它是一种把复杂的教学行为过程（如导入新课、讲解新课、强化训练、课堂小结、组织课堂教学等）分解为许多容易掌握的单一技能（如导入、讲授、语言、提问、评价、变化、强化、演示、板书、结束、课堂组织、复习等技能），并对每一技能提出训练目标（如导入新课要做到具有衔接性、启迪性、含蓄性、生动性、创新性等；讲授新课要做到语音洪亮、发音准确，语速得当、富有节奏，语调变化、抑扬顿挫，思路清晰、表达正确，以及表情、眼神、手势等肢体语言正确使用等），用较短的时间（一般以 5～15 分钟为宜）对师范生或在职教师的教学技能进行反复培训的一种方法。随着现代教育技术的不断发展，在微格教学技能训练中，运用了现代各种视听设备，将教学技能培训实践记录下来，以便进行分析和评议，使对师范生或在职教师的培训方式从师徒学艺的经验型转变为有目的地进行某一教学技能培训的科学型，所以微格教学又被称为录像反馈教学。

总之，微格教学是一种以现代教育理论为基础，以师范生或在职教师为培训对象，利用现代教育技术手段来集中解决某一特定教学问题的教学方法。微格教学的创始人之一爱伦认为："它是一种缩小了的、可控制的教学环境，它使准备成为或已经是教师的人有可能集中掌握某一特定的教学技能和教学内容。这种方法主要是利用录像、录音等设备摄取课堂实况，然后由评议者、受训者和指导教师一同观看实况录像，并进行评析。"这样可以使受训者直接、具体地观察到自身形象、语言、表情及动作等情况，以"第三者"的身份发现、纠正教学中的不足之处；其他人既是培训对象，又是评议者，在评价他人成败、优劣的同时，达到取长补短、共同提高的目的，以取得培训的最佳效果。

传统的教学，被评议的师范生只能听到评议者和指导教师的语言评议，看不到自己教学的实际状况。微格教学很好地解决了这个矛盾，既让师范生目睹自己的教学过程，了解自己的教学所为，又让受训者通过自我分析找出教学过程中的优点及不足。同时，指导教师和评议人员也可以有根据地帮助师范生分析，并提出改进意见。在此基础上，师范生修改教案，再次进行技能训练，然后反馈。这样，通过备课、教学实践训练、反馈评价，修改教案、再教学实践训练，再反馈评价等循环形式，使教学技能呈螺旋式上升，不断得到提高。微格教学在沟通教学理论与教学实践上有着不可替代的中介功能，20世纪80年代以来，受到了国内师范院校的普遍重视。因此，在微格教学实践中，要精心组织安排，设计好模拟的教学环境，进行针对性的训练。

（二）微格教学的主要特点

1. 教学对象少

每次微格训练一般以5～7人为宜，这样师范生可频繁调换，进行同一技能或某一技能训练，既可保证训练质量，又可以使每个师范生训练的机会均等。

2. 教学时间短

每人每次训练时间一般为5～15分钟，这样可以保证专门训练某一种技能，不至于分散精力，既减少了正常课堂教学的复杂程度，又节省了时间，从而增加了技能训练的有效性。

3. 信息反馈直观、形象和及时

使用了多媒体计算机、数码摄像机等先进设备，可以使师范生获得自身教学行为的直接反馈信息，有利于师生课后一起进行分析和比较，从而及时调整自己的教学行为，提高训练效果。

4. 理论与实践紧密结合

微格教学是一个有操作、有控制的实践系统，教育学、心理学、教学论等为其提供了坚实的理论基础，而微格教学中的一系列实践活动又使教育理论得到了具体的贯彻和体现。这种理论与实践紧密结合的教学方法有利于提高师范生对教学法课程的学习兴趣。

5. 学习目的明确，重点突出

由于采用微型课堂的形式进行实践教学，所用时间短，师范生人数少，只集中训练某一教学技能，有利于师范生明确学习目的，便于把精力集中放在重点上。

6. 易于发挥学生的教学主体性作用

微格教学坚持以师范生为主体，以指导教师为主导，以训练为主线，以思维为核心的原则，这有利于师范生创造性思维的培养。

二、师范院校微格教学实践的重要意义

（一）有利于微格教学理论的探讨与深化

理论来源于实践，但又高于实践，对实践具有重要指导作用。微格教学的基本理论

是师生开展微格教学实践的主要依据。探讨微格教学实践，有助于我们深化微格教学理论。例如，对于师范生在微格教学训练中存在的优缺点，微格教室、设备等教学环境因素的作用是否充分发挥，教师的主导作用与学生的主体地位是否有机统一，评价者对师范生的评价反馈是否合理，以及微格教学是否达到师范生的训练和培养目的等。通过探讨微格教学实践，人们对以上问题能有清醒的认识，并在此基础上产生新的反馈信息，引起新的关注，从而促使人们进一步去探讨与深化微格教学理论，最终得出新的理论再去指导实践，如此反复，按"实践—理论—实践"的模式不断推动着微格教学理论的发展。正是如此，在微格教学理论的基础上形成了镜像教学理论。镜像教学是采用对师范生课堂教学实践的全过程进行微格教学形式的摄像、编辑和上网放送，由指导教师组织师范生本人进行各个细分化教学实践片断的反复观看和微格化分析指导，再对完整教学中的 3 项基本技能，即各单项基本技能的应用、整合、控制技能，各个知识点进行整合的技能，课堂教学时效性技能，进行全方位实践和指导的教学模式。镜像教学既保留了微格教学的特色，又融入了课堂全程教学实践，是一种深化的微格教学。

（二）有利于教学观念的探讨与更新

教学是教师的教与学生的学相统一的实践活动，这种统一实现的基础是师生的交往和互动。现代教学论指出，教学过程是师生交往、积极互动、共同发展的过程，教学的重点要以学生为本，呼唤学生的主体精神。学生是一个活生生的有思想、有自主能力的学习主体，每个学生都是个性发展的学生。因此，教师能否树立正确的教学观就成了课堂教学中的一个重要问题。同时，新课程改革下的教师应该是反思型、科研型的教师，师范生要适应时代要求就必须充分培养自己的创新意。微格教学实践恰好能够较好地达到以上要求。在微格教学中，特别注重要求师范生的课堂提问、组织、引导和综合等教学技能的训练，使整个课堂教学处于互动交往的氛围中，以充分发挥教师的主导和学生的主体作用。而且在微格教学实践中，师范生通过自身"备课—试讲—修改—再试讲"的过程，已经以研究者的身份置身于教学情境中，并且以研究者的眼光审视和分析教学理论与教学实践中的各种问题，对自身的行为进行反思，对再现的问题进行探究，对积累的经验进行总结，从而形成正确的认识。可见，师范生微格教学实践不仅能贯彻微格教学理论，而且能更新教学观念，形成正确的教师观和学生观。

（三）有利于师范生教学技能的训练和培养

师范生是未来的人民教师，其未来职业的特定性决定了他应具备教师职业技能的特殊性。师范生教师职业技能，是指就读师范教育专业的师范生，为今后从事和胜任教师职业所必须掌握和运用的教育教学等方面的技巧和能力。然而，由于各种条件和因素的制约，师范生从上学到毕业能以教师的角色加以锻炼和训练的机会少之又少，这使他们虽有丰富教学理论，却没有实际教学经验，即使有，也只是来自于简单模仿所接触的老师。除了教育实习之外，解决这一问题的办法恐怕非微格教学莫属了。微格教学产生于1963 年美国的斯坦福大学，当时是为了训练师范生基本的教学技能而兴起的。可见，微格教学实际上是师范生教师职前技能训练和培养的一种方法。微格教学在实践中的形式是多变的。这种灵活的教学实践形式有助于减轻受训师范生的心理压力，使其能相对轻松地、集中地、有效地训练每一项技能，从而增加信心。一旦有了信心，师范生会更加大胆自信地进行自我挑战，选择较有难度的教学内容与较有挑战性的教学技能进行训练，从而能在较短的时间内充分提高师范生的教学技能。

三、师范院校微格教学实践存在的主要问题

（一）设备不充足，训练机会少

高等院校，尤其是师范院校专业门类齐全，师范生人数规模大，造成微格教学的设备，如微格实验室不够用，导致师范生微格训练的课时受到限制。在这种情况下，指导教师往往只能规定试讲时间，让师范生自选内容、自选方式地任意练习，而师范生往往只练习自己的技能强项，以尽量维护自己的形象。这恰恰违背了微格教学中暴露缺点、改进不足的切入点。另外，微格教学一般得等到相关理论课全部授课结束后，才利用教育实习前的一个月进行集中培训，这样导致了培训时间安排过于集中。各院系各教育专业的学生只能"排队轮流等候"，并且只能给轮到的每位师范生 1～2 次且每次 3～5 分钟的训练机会。这种做法违背了微格教学的基本要求，即对某一教学技能经反复训练达到理想效果后，进行多项技能训练，从而实现全面提高教学技能的目的。

（二）备课不充分，训练效果差

师范生刚开始进行微格教学训练时，往往不了解微格备课的重要性，导致备课不充分，编写的试讲教案不符合微格教学的教案要求。在教案中忽视了重点训练技能及时间分配，没有明确的训练目标，盲目地为试讲而试讲。有些师范生在微格教学训练时甚至没有准备好教案，大多数师范生虽能按时完成教案的准备，但对教学内容不够熟悉。所以，师范生在试讲时，或照本宣科，或随意发挥，达不到微格训练的目的和效果。

（三）理论不扎实，实践上盲目

师范院校一般从大学一年级开始就对师范生逐步开设了相关的专业理论课程，但近10 年来的教学实践经验告诉我们：众多师范生对理论知识的掌握不扎实，尤其是对微格教学的认识模糊，导致出现盲目进行微格教学的现象。缺乏学科教育微格教学和专业基础知识的理论指导，必然导致师范生面对模拟的教学对象和教学环境，在师生互动状态下，难以运用专业知识和教学语言准确、严密地表达教学内容，实践盲目性便不可避免。

（四）反馈不及时，评价不充分

在微格教学实践中，由于时间关系相当一部分师范生的教学实况录像未能被重新播放或被忽视，导致评析环节未能对师范生的教学实况进行及时反馈。另外，指导教师及评议者在对师范生的评议过程中，受心理等各种因素的干扰，而导致评价不充分。例如，有的评议者（即学生角色的扮演者）评价缺乏认真准备，不愿意认真参与评价；更有甚者，担心评议不好，既有损自身形象，又使对方难以接受，造成矛盾得不偿失而不能如实评价。

四、师范院校微格教学实践的主要对策

（一）重视微格教学的课程设置，提高教学系统的利用率

师范院校学生人数规模的不断扩大，使微格教学设备相对不足。因此，师范院校应重视微格教学的课程设置，增加微格教学的课时数，使微格教学不仅能让师范生掌握丰富的理论知识，充分上台演示教学技能，而且能让师范生有足够的时间对其教学技能多次重复观看，做出全面的评价和不断改正，真正发挥微格教学的作用。

另外，微格教学训练一般集中在微格教室里进行，主要包括角色扮演和评课两个方面的内容。这在一定程度上造成了用机紧张的状况。为了解决微格教学设备数量有限的问题，缓解这种紧张状况，我们可以把角色扮演和评课两个环节分开进行，提高设备的利用效率。微格教室主要承担范例赏析、角色扮演及评教等任务，而评课活动可以安排在其他地方进行，并采取以下方法：一是实现数据共享，将微格教室中所摄像的角色扮演的音像资料通过互联网或校园网等实现共享，使师范生和指导教师可以在指定的地点进行评课；二是购置一批录像机或直接使用现有的计算机系统，播放拍摄的视频或刻录的光盘。

（二）重视现代科技的发展，提高微格教学的科技含量

20世纪80年代中后期我国开始引进、研究和推广微格教学。近年来，随着多媒体计算机技术和网络技术的迅速发展，以多媒体网络为核心的现代教育技术正在改变着师范院校的教学面貌。多媒体技术具有图、文、声并茂甚至有活动影像的特点，所以能提供最理想的教学环境，必然会对教学过程产生深刻的影响。换句话说，多媒体技术将会改变教学模式、教学内容、教学手段、教学方法，最终导致整个教育思想的变革。因此，要重视现代科技的发展，提高现代教学的科技含量，推动多媒体教学的广泛开展，使微格教学不断向数字化和智能化方向发展。

（三）重视微格教学理论的学习，提高师范生对微格教学理论的认识水平

微格教学是在20世纪80年代引入我国的，许多师范生对微格教学了解甚少，有的甚至不知微格教学为何物。因此，在实施微格教学之前，有必要对参训的师范生进行系统的微格教学理论培训和应用操作的强化训练。在理论学习和培训中，重点应放在微格教学的特点与基本功能、技能分类方法与每项技能的规范要求、实施的具体程序与方法、微格教学系统的控制操作方法及主要现代教学媒体的使用方法等方面。对微格教学理论的掌握程度将直接影响微格教学的效果和质量，在一定程度上决定了微格教学的成败。微格教学知识的学习和培训是微格教学实践的第一步，也是至关重要的一步。著名教育理论家巴班斯基认为，只有在掌握基本教育学知识和技能的基础上才有可能实现教学过程的最优化。可见，重视师范生的微格教学理论的学习和培训，有助于提高师范生的认识水平和理论水平，减轻在微格教学实践中因缺少理论储备或操作不熟等产生的心理紧张等症状，从而使师范生能达到最佳的微格教学训练效果。

（四）重视微格教学的师资队伍建设，加快专业资料的编纂进程

我国对微格教学的研究和应用相对较晚，至今还处于起步阶段，以致师范院校中微格教学的师资队伍建设和相应专业资料编纂进程相对滞后。一方面，师范院校经过专门训练的专业教师人数很少，微格教学工作的任务经常只能由有教学经验的教师或从事教材教法的教师担任；另一方面，相关的微格教学培训教材和辅导材料较为匮乏，且缺乏相应的微格教学经验总结。尽管当前已陆续出现一些相关教材，但数量极为有限，且缺少与微格教学相配套的音像资料，教师在开展微格教学时必须花费大量的时间去查找资料，挑选、剪接示范视频等，这给微格教学带来了极大的困难。因此，培养专业教师和编纂相关专业训练教材和资料是当前微格教学发展中亟待解决的问题。

（五）重视师范生的素质能力和训练的方式方法，提高微格教学的实践效率

每个师范生的基本素质都不一样，语言表达、板书、演示、临场应变等诸多能力也各不相同，微格教学训练承担的任务往往也不尽相同，甚至训练动机也大相径庭。因此，要想使师范生在训练时有一种良好的心态，以达到预期的训练效果，在微格教学实践前就必须重视和加强师范生基本素质和能力的养成，做好相应的知识技能、备课技能、心理适应等各项技能的准备工作。同时，在组织微格教学训练时，通常做法是先进行单项的教学技能训练，在师范生掌握了各有关技能后，再进行综合技能训练。但在进行教学技能的单项训练时，很多师范生选择自己已有优势的单项技能，忽视或不愿暴露自身的薄弱技能。为了能有针对性地训练技能，我们可以采取反向的训练方式，即先进行综合训练，找出师范生在教学实践中存在的问题，在此基础上对其存在缺陷的教学技能进行反复训练，从而真正达到微格教学训练的目的。

第六节　依托系列教师技能大赛

训练师范生教师技能的途径很多，其中教师技能大赛便是有效途径之一。组织教师技能大赛，不仅能使师范生全身心地投入教师技能的学习和自我强化中，还能使他们交流学习讲课的技能技巧。这样使师范生学习有了自主性，使他们不再是生硬、呆板地学习理论，而是给自己上了一堂生动的实践课，有利于提高他们自身的素质。

一、依托教师技能大赛，培养高素质师范生的可行性

教师技能大赛是师范院校学生职业素质教育的切入点。为了参赛，师范生必然进行精心和充分的准备，针对新的课程标准，从教案的编写到课件的制作，从时间的把握到教法的运用，甚至多次试讲，力求一丝不苟、精益求精，从而促使他们积极钻研教学方法，端正教学态度，提高其教学技巧、能力和水平，增强其作为未来教师的业务素质、教育理念、教学态度、教学方法、教学能力。在参赛过程中，师范生还会不同程度地暴露教学理念相对滞后、教学方法相对陈旧、教学手段相对落伍等问题。这样就会使他们努力克服安于现状、不思进取、消极懒惰的思想，树立忧患意识、质量意识、责任意识，

解放思想，迎难而上，努力学习，勇于探索，不断完善自我。师范生在参与比赛的过程中，还锻炼了自己的语言表达能力，增强了现代化教学手段的研发和利用能力，树立起以学生为主体、极力创设激活学生思维情境的理念，使师范生主动学习，引导学生主动认知，质疑问难，把教学过程变成一种师生平等交流、共同研究问题的生动过程，让学生在主动讨求答案的过程中，获得研究的积极经验，掌握研究问题的基本思路和方法，从而使学生逐步形成迁移知识的能力和本领。

二、依托教师技能大赛，培养高素质师范生的必要性

对教学工作而言，学生、教师、管理是其中的关键要素。教师技能大赛是展示师范生教师素质的一个平台，也是上述关键要素展开、互动、参与的过程。参赛师范生的多媒体课件制作水平、应用课件进行教学水平、与学生互动环节的设计等都体现了其作为未来教师的良好素质。

在参赛准备阶段，师范生异常投入。他们深知，要想取得好成绩就必须做到：首先，选择的参赛内容要具有极强的可操作性，观点要新颖，课程内容要有利于培养中小学生乐于学习、主动应用知识的意识。其次，从学习知识、学习意识、逻辑推理和师生互动、师生交流入手，以有利于向 45 分钟要效益，克服重理论轻实践、重结果轻过程的倾向，要以冲破"讲得多""满堂灌"等束缚为出发点。除此之外，在教法选择、课程设计上，师范生力求创新，尽量减少"指令性"的成分，力争有利于师生在平等条件下进行教学，有利于在教师的指导下学生独立思考，从积极探索的角度，多方向地探求和运用知识，能够充分挖掘学生的思维潜能，充分发挥学生的创造才能，使学生的思维品质得到充分的培养，使学生的心理素质得到较好的训练。

在参赛过程中，师范生的从师任教的基本功获得了充分的展示空间，如他们漂亮的简笔画、刚劲的粉笔字、标准的普通话、完美的教具制作与使用、先进的课件制作、流利的语言表达、科学准确的数学语言、高水平的讲功和导功、生动有趣的课件展示、恰到好处的提问、入情入理的讲解、落落大方的教态，以及化难为易的技巧、生动透彻的分析，从而使他们能够将过硬的基本功运用于课堂教学，激发了他们为人师表的热情，提高了他们把握教材、控制课堂的能力，开发了他们的创新意识，提升了其作为教师的素质，显示了教师技能大赛的独特魅力和重大作用。

三、依托教师技能大赛，培养高素质师范生的措施

（一）基本功的训练要以"技"为中心

为切实提高师范生教学基本功，使其具有过硬的基本技能，必须从指导思想、目的、任务、措施、考核、评估等方面围绕技能分层次做出具体的训练安排。师范生教师技能大赛一般基本功训练涉及粉笔字、简笔画、普通话、教具制作、活动、语言表达等。师范生首先应从备课、上课、批改作业、考试评定、课内外辅导、教书育人 6 个教学环节所需一般基本功方面进行训练，再从教学技术功，即读功、讲功、听功、写功、想功、记功、导功等方面进行训练，还从教学经验的总结积累，教学大纲和教材分析与知识体

系的掌握及教学原则、方法、技能的应用等学科理论知识方面进行训练，最后对语言、演示、提问、讲解、板书、教态、处理问题等方面进行训练。

（二）要善于处理各种关系

1. 比赛与训练的关系

做到通过训练提高讲课水平，根据实际需要加强技能训练，两者互相结合、互相渗透，科学安排时间，比赛训练两不误，定期比赛与日常训练相协调。

2. 普及与提高的关系

在训练中，要做到在普及基础上的提高，在提高指导下的普及，既要面向全体师范生全员培训、普及训练，又要将优秀师范生作为重点，进行高要求的训练，做到点面结合，既抓全员提高又要突出重点，使其在比赛中脱颖而出，树立典型。

3. 训练形式与训练实效检测的关系

实效是目的，形式是手段，训练中应克服只重形式、不讲实效的缺点，师范院校应通过不同形式的教学训练，全方位训练师范生的素质，用教师技能大赛来发现优点，找出不足，以修补短板，随时改进，调整教学。

第七节　多媒体教学

一、运用现代信息技术的优越性

以计算机多媒体技术和网络技术为核心的信息技术，不仅给我们的社会生活带来了广泛深刻的影响，也冲击着现代教育。下面以数学教学为例介绍多媒体教学。由于数学具有很强的抽象性、逻辑性，特别是几何，还要求具备很强的空间想象力，计算机多媒体技术在数学教学中的运用和推广，为数学教学带来了一场革命。在中学数学教学中应用多媒体技术以辅助教学，深受广大数学教师的青睐。MathCAD、数理平台、几何画板等数学软件的开发使多媒体技术在中学数学教学中的应用更加广泛。与传统教学相比，在中学数学教学中应用多媒体技术的优越性主要表现在以下几个方面。

（一）生动直观，有助于激发学生的学习兴趣，引导学生积极思维

多媒体教学可以利用计算机技术集文字、图形、动画、音频、视频、投影于一体，直观形象、新颖生动，能够直接作用于学生的多种感官，激发学生的学习兴趣，促进他们积极思考。例如，对圆柱、圆锥、圆台及其侧面积这些内容进行教学时，可用"几何画板"制作分别以矩形的一边、直角三角形的直角边、直角梯形垂直于底边的腰所在的直线为旋转轴，其余各边旋转一周的动态过程，让学生观察这一过程及这样旋转一周而成的面所围成的几何体，从中抽象出圆柱、圆锥、圆台的本质属性，形成概念；还可利用几何画板将几何体的切割、移动、重叠、翻转等形象生动地展示给学生，并辅以必要

的解说，帮助学生形成立体空间感。通过生动直观的动画模拟，既解除了传统教学中学生凭空想象、难以理解之苦，又大大激发了学生的学习兴趣，增强了学生学习的主动性。

（二）变抽象为形象，有利于突破教学难点、突出教学重点

生动的 CAI 课件能使静态信息动态化、抽象知识具体化。在教学中运用计算机特有的表现力和感染力，有利于学生建立深刻的印象，灵活扎实地掌握所学知识；有利于突破教学难点、突出教学重点，尤其是定理教学和抽象概念的教学。运用多媒体二维、三维动画技术和视频技术可使抽象、深奥的知识简单直观；让学生主动地去发现规律、掌握规律，可成功地突破教学的重点、难点，同时培养学生的观察能力、分析能力。例如，在"三角形的内角和"的教学中，运用几何画板软件在计算机上现场画出一个三角形，请学生用鼠标拖动三角形任意一个顶点，让学生观察和发现：无论三角形的位置（横放、竖放、斜放）、形状（锐角三角形、直角三角形、钝角三角形）和大小怎么变，内角和不变。最后学生得出三角形的内角和是 180° 的结论。这样既简化了传统教学过程中要量、算、剪的步骤，又由于是学生自己实验、观察得出的结论，学生对该定理的理解和掌握比传统教学要深刻得多，同时又综合训练了学生的思维。在立体几何教学中，异面直线的概念及其所成角、异面直线之间的距离、二面角及其平面角是教学中的难点；在代数教学中，函数概念、数列极限的"$\varepsilon\text{-}N$"定义等，更是教学中的传统难点。原因是它们非常抽象，难以观察和理解。但是，通过多媒体的动画演示便可化难为易，取得事半功倍的效果。

（三）简化教学环节，提高课堂教学效率

在教学过程中，经常要绘画图形、解题板书、演示操作等，用到较多的小黑板、模型、投影仪等辅助设备，不仅占用了大量的时间，而且有些图形、演示操作并不直观明显。计算机多媒体改变了传统教学中教师主讲、学生被动接受的局面，集声、文、图、像、动画于一体，资源整合、操作简易、交互性强，最大限度地调动了学生的有意注意与无意注意，使授课方式变得方便、快捷，节省了教师授课时的板书时间，提高了课堂教学效率。

（四）利用信息技术，有利于师生的协作式学习、学生的个体化学习

在网络环境下，学生可以按照自己的认知水平主动参与学习，这是传统教学所不能比拟的。利用互联网和校园网，与学生做到真正意义上的交流。课堂中学生只要打开指定网页就可以自主操作课件，反复学习、反复练习，直至理解知识。在课外亦可上网学习。若教师建立了自己的教学网站，开通网络技术的 BBS（bulletin board system，电子公告牌系统），那么学生在学习中遇到问题，就能及时地与老师或其他同学进行交流，这对教学有很大的帮助。借助计算机反馈速度快、不厌其烦的特点，能够很好地实现个体化教学。在个体化教学过程中，采用人机对话，交互性很强。这种学习模式下，学生

感觉不到人为的学习压力，在轻松自然的环境下学习，能够更好地发展自己的思维能力和创造力。

二、使用现代信息技术辅助教学存在的问题

目前，使用现代信息技术辅助教学存在的问题主要表现在以下几个方面。

（一）信息技术教学意识较弱

大多数学校的教师只有在公开课或学校要求时才使用信息技术，只有极少数的教师在教学内容需要或学生学习需要时使用它，并没有在日常的教学中真正推广开来，它在中小学教学中的地位并没有本质的变化。为了一节公开课，多名教师花费时间和精力来制作课件，导致 CAI 成了上公开课、示范课的专用道具。在平时的教学中，传统教学模式仍然以不可动摇的地位牢牢控制着中学课堂，现代教育技术的作用没有充分得以发挥。

（二）利用信息技术教学目标不明确

在教学实际中，有的教师对于利用信息技术教学是为了突破教学重点、难点，还是为了增大课堂容量，何时使用信息技术、使用多长时间，都不清楚，即没有明确的目标。本来采用传统教学就能达到良好教学效果的一堂课，有的教师出于某些特殊原因，却花费了大量的时间和精力去制作课件，而取得的教学效果与传统教学基本一样，得不偿失，根本没有起到优化课堂教学效果的作用。

（三）课件内容华而不实，流于形式

有的教师在制作课件中，过分追求声、色、文字等外在表现，即仅仅利用多媒体来显示一些文字、公式和静态的图片，将课堂变成了"电子板书"课堂，没有利用多媒体的特性，发挥其巨大的促进教学的功能。有的教师在制作课件时，一味地追求各个内容的动画及声音效果，甚至截取影片中的声音，而没有考虑怎么把学生的注意力吸引到教学内容上来，结果造成本末倒置、喧宾夺主，一堂课下来，学生只觉得好奇，而忘记了上课的内容。

（四）"多媒体"成为"一媒体"

有的教师在尝到 CAI 的甜头后，就对此视若掌上明珠，于是在一些课上从头至尾都用计算机来教学，对其他常规媒体不屑一顾，甚至一些教师纯粹以多媒体课件替代小黑板、挂图、模型等教具。这样的教师，其追求现代化的意识是好的，但是还必须认识到任何事物都有其所长，亦有其所短。总的来讲，CAI 固然有其他媒体所无法比拟的优越性，但其他常规媒体的许多特色功能也不容忽视，如投影的静态展示功能、幻灯的实景放大功能、教学模型的空间结构功能等，是计算机所不能完全替代的。所以，教师应根据教学需要选择合适的媒体，让计算机与其他常规媒体有机结合，而不要一味追赶时髦。

（五）课件的制作与使用仍然以教师为中心，忽视学生的主体性

不少教师在课件的制作中，只重视了教师如何教学，但在发挥学生主体性，促进学生如何利用课件进行思考，如何提出、分析与解决问题，如何指导学生学习方面较为欠缺。具体表现为以下几个方面。

1）在使用多媒体辅助教学时，常有一些人为了方便，将课件设计成顺序式结构，上课时只需按一个键，课件便按顺序"播放"下去。课堂上教师几乎一直在点鼠标，师生之间、生生之间、学生与机器之间的交流少、交互性差。

2）教学信息量过大，节奏过快，导致学生无法跟上讲课的进度，无奈之下，学生只能是被动地接受授课内容，缺乏思考的过程。

3）教师信息技术应用技能、技巧程度参差不齐，总体水平较低。目前，绝大多数教师已经学习了信息技术的基本操作和一些信息处理软件的使用，如 PowerPoint、Word、Excel 等，但是其信息技术应用水平与信息技术和中小学课堂教学整合的要求还有一定的距离。例如，对与数学密切相关的软件几何画板、Z+Z 智能平台、Advanced Grapher、TI 图形计算器等，能熟练掌握并能在教学过程中熟练使用的教师并不多。

总之，信息技术在中小学教学中应用是社会形势发展和教学改革的需要，它的运用对于学生提高学习兴趣、培养学生各方面素质有极为重要的实践作用。但信息技术不是万能的，在运用中我们要注意其存在的问题并避免其发生，使信息技术在中小学教学中能更好地发挥作用。

三、运用现代信息技术辅助教学的对策

（一）课件的设计中应尽量加入人机交互练习

一个 CAI 课件的结构主要有顺序结构与交互结构两种。缺乏交互性的课件与一盒 DVD 光盘没有什么区别。针对多媒体技术功能发挥不够，CAI 课件制作不当，设计中存在着形式主义的问题，在多媒体和超文本结构所组成的 CAI 课件设计中应尽量加入交互结构，以充分发挥多媒体的巨大功能，并使界面丰富，既方便教师操作，又可以使教师根据实际教学情况选择和组织教学内容。因此，在制作中应尽可能多地采用交互结构，实现教师与计算机、教师与学生、学生与计算机之间的双向交流，从而达到在教学中提高课堂教学效率，突破重点、难点，提高学生素质与培养学生能力的目的。同时，设计 CAI 课件时，适当加入人机交互方式下的练习，以加强计算机与学生之间积极的信息交流，既可请同学上台操作回答，也可在学生回答后由教师操作。这样做能活跃课堂气氛，引导学生积极参与到教学活动中，真正提高多媒体的技术功能。

（二）注意效果的合理运用

CAI 课件是一种辅助教学手段，它仅能够起到辅助作用。各种效果的应用可以给课件增加感染力，但运用要适度，以不分散学生的注意力为原则。例如，色彩搭配要合理，

画面的颜色不宜过多,渐变效果不宜过于复杂等,以克服课件制作与使用中的形式主义。在现阶段,CAI 课件主要利用多媒体手段对课堂教学中的某个片段、某个重点或某个训练内容进行辅助教学。我们要认真对其加以研究,充分发挥其在课堂教学中的作用,提高课堂教学质量和效益。

(三)充分发挥教师的主导和学生的主体作用

教师不能只成为计算机的操作者,不能让课件限制了教师,更不能为了追求电教效果生搬硬套,不讲时机地演示。其实,许多课程并不需要 CAI,值得注意的是,教师的启发与引导作用是其他任何教学手段不能代替的。因此,课堂教学不能上成演示课,教师应当指导学生如何利用 CAI 课件进行思考,指导学生如何把现代信息技术作为学习知识和解决问题的强有力工具,使学生可以借助它们完成复杂的计算,处理更为现实的问题,有效地进行学习活动,最终使学生乐意并将更多的精力投入现实的、探索性的学习活动中,以真正发挥学生的主体作用。

(四)积极开发有利于学生主体性发挥的教学课件

目前教学课件的状况:一是 CAI 课件缺乏;二是劣质多媒体课件较多;三是所制作的 CAI 课件通用性不强、适用性差;四是多数课件忽视学生的主体性。针对这些状况,积极开发与利用既适合于学生实际又有利于学生主体性发挥的教学课件显得十分必要和迫切。解决课件和相关资源问题可以借助以下途径。

1)努力搜集、整理和充分利用网上的已有资源。只要是网站上有的并且确实对教学有用的,不管是国内的还是国外的,都可以下载为教学服务。当然对网上的资源不能不加改造地盲目使用,一定要符合我们的教学实际需要。

2)与相关的数学资源库进行商业或友情合作。国内有一些软件公司开发的多媒体素材资源库中很多素材能被教师直接使用或稍加改造即可被使用,因此师范院校可与相关的数学资源库进行商业或友情合作。

3)教师发挥主观能动性。在教学之余,时间许可的情况下,教师可以专门组建制作小组,进行自制课件并统一资源的配置与使用。教师自制开发的课件具有实用性强、教学效果明显的特点。

思　考　题

1. 什么是真人图书馆?真人图书馆的优势是什么?
2. 翻转课堂的优势是什么?
3. 使用现代信息技术辅助教学应注意的问题是什么?
4. 试述案例教学在师范生课堂教学基本技能训练中的作用。

第四章　探索多种教育实习模式

第一节　导师带徒模式

一、导师带徒模式的含义

早在刀耕火种的原始社会，导师带徒制已见雏形，正是在这个古老的教学体制下，人类的文明得以代代传承。在封建社会，小手工业逐渐兴起并不断发展，师傅带徒弟已经成为一种不成文的入行规定，"一日为师，终身为父"等耳熟能详的语句成为当时师徒关系的真实写照。在科技发展水平不高、人们文化程度较低而生产力又急需大力发展的社会历史时期，导师带徒制一度成为投入最少、见效最快的教育培训方式，并培养了不计其数的产业技术工人，有效地推动了生产力的迅速发展。此外，许多历经几代乃至几十代老师傅摸索出来的生产经验，难以进行系统化和体系化的总结和提炼，只能通过言传身教的方式传给徒弟。正是由于导师带徒培训方式的存在，这些用其他方式难以传承的绝活、技术才得以保留，并发扬光大。

现代学徒制是传统学徒培训与现代学校教育相结合的一种职业教育制度，它是传统的师徒传帮带模式的延伸和创新，同时也是对现行的顶岗实习、订单培养等校企合作模式的一种深化和补充。学徒制模式作为一种企业人才开发机制，最早起源于德国的职业培训，第二次世界大战后逐步形成配套的国家制度，并受到世界各职业教育强国的推崇和重视。根据《国务院关于加快发展现代职业教育的决定》（国发〔2014〕19 号），教育部于 2014 年 9 月制定颁发了《教育部关于开展现代学徒制试点工作的意见》（教职成〔2014〕9 号），要求着力构建现代学徒制培养体系，稳步推进试点工作，实施企业和职业院校双主体育人。该意见同时指出，现代学徒制的教学任务由学校教师和企业师傅共同承担，形成双导师制。学徒在导师（师傅）的指导和传授下，能较快地掌握所学手艺或工艺的背景知识，获得职业技术和技能，取得实际工作经验。因此，企业中导师带徒模式在整个学徒制培养体系中发挥着核心和关键作用。导师带徒模式可以解决一些师范院校数学专业人才培养中在培养模式、实践教学、师资队伍建设等的需求。导师带徒模式不失为一种可行、高效的实习模式。

二、导师带徒模式在师范院校专业人才培养中的作用

（一）有助于师范生综合职业能力的培养

导师带徒模式体现了职业教育"做中学"的最本质特征。通过校外导师的面传亲授、实际教学、班主任工作等真实工作任务的锻炼，师范生能够在实践中更快习得教师工作

技能，积累职业经历和经验，增强综合职业能力和素养；同时能更快地了解行业动态、学校文化和职业现状。师范生在导师身上不仅能学到基本的岗位工作技能，还能学到无法提炼的隐性知识，这些都有助于师范生综合职业能力的养成。例如，为人处世的方式、思考问题的方法、解决问题的技巧和艺术化的领导策略等，这些隐性知识难以通过学校教育传递和表达，却对师范生个体的成长发挥着相当重要的作用。

（二）有助于师范生实践教学管理

一线教师导师负责对师范生的教学、班主任工作、品德及生活等进行一对一的个别指导，兼具班主任、任课教师和生活顾问三重角色；导师具有相应指导、管理等权利和义务，能够及时掌握师范生出勤情况、学习态度等，有助于师范院校掌握师范生的实习动态和学业情况，加强对师范生实习期间情况的管理。导师和师范生是亦师亦友的关系，师范生对导师容易形成信任和情感依赖。一旦师范生有思想和情绪上的波动，如产生职业迷茫、岗位不适等情况，导师能随时掌握情况，通过沟通和疏导，化解师范生的思想疑惑和各种矛盾，帮助师范生树立良好的工作心态，同时增强组织归属感，提升融入能力。

（三）有助于师范院校进行教学改革

校外导师针对师范生实习中反映出的师范院校教学中存在的问题，可以直接与师范院校沟通，或者通过师范生间接反馈，就课程设置、教学方法等提出针对性建议，这有助于完善师范院校人才培养方案、教学标准和课程标准，不断改进和反思学校的教学活动，形成良性循环培养模式。师范院校教师了解中小学的实际教学管理情况，熟悉岗位要求，并在今后专业教学中更贴近中小学实际，让专业教学与需求接轨，从而促进教师的专业化成长和"双师"队伍的建设。

（四）有助于师范生进行职业生涯规划

一般的培养方式基本针对的是群体，只适合解决普适性问题。导师带徒模式实质上是一种个别辅导制，变大班批量培养为一对一跟踪指导和支持关系，适宜解决在校生职业生涯发展进程中面临的个性化问题，帮助师范生结合自己的职业兴趣与发展方向做好个人职业生涯发展规划。导师一方面能指导学徒做好职业选择和匹配，以及职业评估和认知，另一方面能从职业和工作绩效两个方面提供建议。

三、导师带徒模式的运行保障

导师带徒模式除了解决"如何带徒"的问题外，还需要解决导师"不愿带"的问题，因为中小学教学有正常的教学秩序，并没有职业培训的责任和义务，尤其是在一些重点中小学格外明显，因此导师对带徒活动缺乏热情，也不太关注学徒的培养质量。在导师带徒过程中，一些教学活动发生在实习学校，师范院校难以监控，也难以对导师的教学质量做出合理评价。因此，政府教育主管部门、师范院校、实习学校要多方联动，从管理监督、评价考核、激励手段和协商机制入手，确保导师带徒活动的高效化和可持续发展。

（一）建立完善灵活的管理和监督机制，以制度规范导师带徒活动

根据导师带徒模式开展的需要，具体制定实施细则，明确师范院校、导师、实习学校和师范生各方的权、责、利，为导师带徒的推广和实施提供法律依据和保障。在合作层面，师范院校、实习学校、师范生之间要制定相关协议，保障各方的权利和义务。要配套制定导师带徒实践管理条例，包括导师带徒试点工作实施方案、师范生顶岗实习管理办法、校内指导教师及指导教师工作职责、安全措施与违纪处理办法、学徒实习考核制度、师范生实习召回制度、导师带徒管理督查办法等各级顶岗实习管理制度，这对实现整个过程的标准化管理，确保导师带徒活动科学化、规范化运行意义重大。

（二）建立考核评价机制，提升导师带徒工作绩效

师范院校教务处和实习学校成立导师带徒评价考核小组，对导师的指导态度、业务能力、带出学徒的优秀比例等情况实施多元评价。具体导师带徒过程考核分为优秀、良好、合格和不合格四个等级。成绩优良的进行奖励，不合格的进行谈话或更换导师。要制定优秀带教师傅评比办法、优秀学徒评比办法。要在不同导师所带徒弟之间开展技能竞赛，对竞赛优胜学徒的导师予以表彰奖励。师范院校要指派专业指导教师不定期赴实习学校协助导师做好师范生的日常安全教育、职业道德教育及考核工作。

（三）建立激励机制，增加导师带徒的原动力

师范院校、实习学校层面要沟通协商相关的资金、经费等方面的保障问题。师范院校付给实习学校及其导师学徒培养的相关费用。师范院校要基于指导教师的专业技术职务、职业资格等级、学徒岗位数量、第三方考核结果支付相应的带徒津贴。师范院校、实习学校要对导师给予相应的荣誉奖励。

（四）建立公共平台对话机制，了解导师与学徒诉求

建立公共对话平台，构建各方平等交流的协商机制。实习学校、师范院校、师范生和导师等各方在一个平台上对话和交流，定期召开协调会，就近期内师范生的学习和生活情况互相通报，就导师带徒过程中遇到的问题及时沟通和反馈，了解各方需求、协调各种矛盾，共同研究对策，使实习能够顺利进行。一方面，师范院校要了解实习学校带徒情况，包括培训内容、导师角色和功能履行情况，学徒可能的预期，导师与学徒有效沟通情况等；另一方面，实习学校及导师对于人才培养规格、专业建设、课程设置及具体教学过程的要求，可以通过对话机制来解决。双方在定期的业务交流沟通中团结协作，互相查漏补缺，充分发挥各自所长，实现理论和实践的良好配合，协同提升师范院校教师和导师的教学胜任力。

另外，实习学校组织的实践教学若没有满足师范生个性化的教育实践需求，师范生可以自主参与以下两类教育实践：一是加入专家引领的教学名师工作室。教学名师工作室是近年来在基础教育领域兴起的一种教师专业成长共同体。地方教育行政机构从放大优质教育资源的角度出发，在已经形成的教学名师团体的基础上，以组织的名义命名教

学名师工作室，期望发挥名师的带动作用，促进区域内教师专业素质的提高。教学名师工作室在为在职教师提供专业引领的同时，也给在校的师范生提供了专业实践的机会。师范生主动申请加入教学名师工作室的活动，拜师学教。这是一种认知学徒制的实践教学方式，通过教学名师的"传、帮、带"，师范生参与了基础教育领域里的实践活动，获得面对教学情境的学习机会。这种教学情境包括教案的撰写、教学质量评价及基于问题解决的学习。师范生在教学名师工作室接触、感受教育的现实问题，在与名师持续的个人间的联系中获得教益，专业发展有了引领者。二是参与师范院校教师的课题研究。师范院校的学科教师大多数承担着课题研究的任务，师范生自主选择教师的研究项目，申请加入课题组，承担一些基础的研究活动，如检索资料、实地观察调查、统计分析数据。这类师范生自主的实践教学活动，能使他们得到系统的研究训练。

第二节　顶岗实习模式

一、顶岗实习教师培养政策的合法化过程

　　顶岗实习的尝试始于 20 世纪 70 年代，由位处中国东北地区的四平师范学院（今吉林师范大学）提出。1975 年该校为了响应党中央支援农村的号召，派出数学系师生到农村学校中顶岗实习，即参加实习的师范生几乎完全承担起教学工作，以期改善农村学校的师资力量，促进农村教育的更新和发展。1988 年，位处西南地区的云南师范大学开始尝试顶岗置换，即高年级师范生到县、乡、镇中小学校任教一学期的同时，替换出当地教师到云南师范大学进修培训。随着云南师范大学顶岗实习的有效开展，位处中部地区的信阳师范学院、东部地区的南京晓庄师范学校（现南京晓庄学院）、东南地区的三明师范专科学校（现三明学院）等一批师范院校基于自己的实际情况开展了形式和规模多样化的顶岗实习措施。1997 年，地处中部贫困地区的忻州师范学院开展了"411工程"，即师范专科学生在 3 年的学习期间，用 4 个学期学习教育专业知识和学科知识；用一个学期到贫困区的乡镇进行顶岗实习，融实习、支教和扶贫 3 种功能于一体，让师范生了解乡村教育的情况；在学校的最后一个学期是实习支教回校后的巩固和提高，基于支教中遇到的困难和发现的不足，进一步充实专业知识，完善自己的专业教学能力。忻州师范学院的顶岗实习在当时产生了极大的影响，自此，顶岗实习模式逐渐为许多师范院校所接受。尽管这一时期的顶岗实习主要以服务农村教育、解决师范生实习困难为目的，师范生的实习也只是处于对农村教育的理解层面，实习的内容也较为单一，仍然受早期职业教育实习模式的影响，看重的是师范生教学技能的提高，而对师范生的教育理解、教学反思等并不关注，但是这种在全国不同地区"不约而同"的尝试，已经为随后逐渐发展起来的顶岗实习的两种模式建立了雏形，同时也为国家相关政策的出台创造了条件。

　　进入 21 世纪，农村地区基础教育薄弱、师资不足和教师知识老化的现状引起了教育主管部门和师范院校的重视。2000～2002 年，西南大学张诗亚教授向教育部师范司提交了《关于贫困地区基础教育师资"更新工程"建构的报告》，并提出《关于在中国

农村贫困地区教育中推进"更新工程"的建议》，随后又向教育部提交了《高师教育实习"改制"与农村师资"更新"一体化工程建设方案》。该方案认为，需要建立一种长期性和制度性的师范院校顶岗实习制度，从而促使教育实习模式的转变和探索解决农村贫困地区师资短缺的途径。因此，西南大学在关于顶岗实习的"小松树计划"指导下，师范生的顶岗实习规模与人数、实习基地的建设都拓展开来，并影响了江西师范大学、鲁东大学和天津师范大学等一系列培养师范生的学校。各高校或以实习支教为目的，直接支援农村的师资力量；或以顶岗置换为依托，在师范生实习的同时为更新农村师资，在高校中开展免费的教师培训课程，使置换的农村教师及时更新教学知识和教育理念，提升教学反思能力。至此，顶岗实习的范围以西南大学等著名师范院校为中心，逐步辐射至中西部地区的诸多师范院校，这也为国家对顶岗实习的重视奠定了坚实的实践基础，国家层面的顶岗实习政策应运而生。

2006 年 2 月，教育部下发的《关于大力推进城镇教师支援农村教育工作的意见》指出："师范院校和其他举办教师教育的高校要组织高年级师范生实习支教。在农村学校建立实习基地，选派教师带队组织实习指导。在保证师范生培养质量和实习支教连续性的前提下，积极探索实习支教的多种有效途径。参加过农村学校实习支教的学生在就业时优先推荐、优先录用。"《关于大力推进城镇教师支援农村教育工作的意见》的出台，既是对以往各师范院校顶岗实习成绩的肯定，也是顶岗实习在国家制度层面得以确立的开端。时至当下，顶岗实习的影响已扩展到全国多所院校。由此可见，国家已经在政策层面给予了顶岗实习合法性，既肯定了其师范生实践性课程的合法路径，也肯定了其对于农村学校师资力量支持的实践价值取向。

二、顶岗实习的定义

所谓顶岗实习，即在完成理论课、实验课、基本技能强化训练教学之后，师范院校组织师范生到中小学集中进行教育实践，使师范生以真实教师的身份，在具体的教师岗位上顶替在岗教师进行教育教学工作。

顶岗实习的操作性比较强，目前还没有统一的定义，我们可以根据具体情况对它加以理解。我们可以从顶岗实习的 3 个特点了解它的含义：一是时间比较长，贯穿于实习阶段的始终；二是教学环境真实，师范生是在真实的工作岗位上进行综合能力训练，要完成岗位任务；三是师范生具有双重身份，既是师范院校的在校学生，又是实习学校的一线教师，所以不仅要完成师范院校的课程学习、毕业设计，还要作为教师完成所在岗位的工作任务。顶岗实习不只是一个时间概念，实质上是理论教学与学生实践能力的培养问题，其本质特征是师范院校和实习学校两个育人主体在两个育人环境中培养师范生。

顶岗实习作为师范院校安排在校师范生实习的一种方式，不同于集中实习、分散实习等实习方式的地方在于它使师范生完全履行其实习岗位的所有职责，具有很大的挑战性，它是师范生基于职业岗位的、真实的、参与工作全过程的实践，是师范生走到真实的工作环境中实习的方式，是师范生从工作经历中获得实践经验的渠道。顶岗实习对师范生的实践应用能力的锻炼与提高具有很大的作用，可提高师范生就业后的岗位适应性。

三、顶岗实习的定位

（一）基于实习本身的视角

顾名思义，实习就是在实践中学习。任何知识源于实践，又归于实践，因此在经过一段时间的学习之后，或者说当学习告一段落的时候，把学到的理论知识拿到实际工作中去应用和检验，这样的学习过程和实践环节就是实习。现在，安排实习已经成为师范院校培养师范生过程中普遍采用的策略，其主要意义对于师范院校而言，在于对接社会需要，理论结合实践，提高培养质量；对于师范生而言，在于验证职业抉择，检视自身差距，提升实践能力；对于实习学校而言，在于了解前沿动态，物色后备教师，培训社会角色。无论是师范院校提高培养质量，还是师范生提升实践能力，抑或是实习学校培训社会角色，预设的目标可能有所差异，表述可能有所侧重，但核心目标是聚焦于师范生的培养。实习是学习而不是工作，去实习的师范生是学生而不是职业人，这是必须划定的界限。如果只重视顶岗，而忽视实习的本质，那就背离了实习应有的意义，并且无法达到实习的预设目标。

由于教师与医生同是专业性、实践性很强的职业，因此人们常常把两者进行比照。医学实习生在实习过程中没有处方权，不能上手术台，人们认为正常且必须，因为医学实习生是来学习的，不是来工作的，如果让医学实习生享有处方权，上手术台，估计人们会觉得匪夷所思，医疗秩序也会大乱。然而，当今师范生顶岗实习的基点定位于支教和教师培训上，让师范生在缺乏充分、有效指导的情况下独立（至少是基本独立）地从事教育、教学工作，这是值得慎重考虑与实施的。

（二）基于教师发展的视角

随着教师资格证书制度和新进教师招考制度的不断完善，教师的职前培养作为教师教育的一个重要组成部分，作为教师专业发展的源头工程，越来越获得重视。2007 年开始的师范生免费教育重回大学校园的活动也昭示了这一取向。如何提高师范生的培养质量，除了需在拓展人文素养、夯实学科基础等方面做出努力外，还需在加强教育教学理论水平和实践能力方面取得突破。教育实习作为教师教育课程的重要组成部分，有别于师范生重视学术性和学科逻辑的其他课程，重视实践经验，强调对课堂教学、班队活动等实践的行动、体验和反思。只有通过教育实习，师范生才能获得亲身参与中小学教育教学实践的积极体验和必需经验，才能形成对基础教育整体的基本认识，进一步发展教师专业信念、专业知识、专业能力、专业自我意识。由此可见，教育实习对于师范生的成长乃至教师的专业发展起着至关重要的作用。既然教育实习如此重要，尽力做好实习的各项组织工作尤其是"准教师"的指导工作就非常关键。

（三）基于价值类型的视角

众所周知，任何一个事物的存在或是一项活动的展开都有多重价值，追求价值的多重和最大化是人们对待事物和开展活动的共同目标。但是，追求多重价值并不是"胡子眉毛一把抓"，也不是"平均使用力量"，许多时候，我们必须进行价值排序和价值取舍，即根据主次、轻重进行价值的排列，优先追求主要价值，适当兼顾次要价值。接下来遇到的问题就是如何进行价值排序和价值取舍。因为基于不同的背景、立场和认知，人们对事物多重价值的主次、轻重的判断是难以一致的，排序和取舍的行为模式也就千差万别。解决这一问题的关键在于我们必须对价值进行梳理和筛选，区分事物和活动的本体价值和工具价值，在此基础上重点凸显、优先实现本体价值。

基于以上分析，着眼师范生的培养应是师范生顶岗实习的本体价值和唯一基点，但梳理出了这一结论，是否就意味着我们在组织师范生实习时只需盯着师范生培养这一价值而无须顾及支教和教师培训的价值了呢？答案显然不是。这需要我们在指导思想和操作策略上做以下调整。

1. 保证重点，统筹兼顾

作为顶岗实习的本体价值和基点，着眼师范生的培养这一重点必须得到保证。教育行政部门、师范院校、实习学校和师范生都应该在指导思想上形成共识，在操作策略上进行支持。例如，要从教师、师范生专业成长的视角而不是从支教、置换培训的视角来进行顶层设计和具体方案设计；要加强实习指导教师队伍建设和实习指导方法创新；要严格控制师范生顶岗实习时的周课时量，保证他们有足够的时间备课、试教、调研、反思，从而提升专业水平。在此基础上兼顾支教和置换教师培训的价值追求。

2. 职责分明，加强协调

厘清顶岗实习的职责是做好工作的前提。过去，在一些环节（如实习指导）上，似乎谁都有责任，结果是谁都不负责任，师范生的培养成了一句空话。师范院校应重在方案设计、标准确定、师范生选配、过程监控和结果评价方面担负责任。至于具体的实习指导工作，师范学校其实是无力承担的，揽在身上于事无补，不如脱钩；地方教育行政部门应重在挑选实习学校、组织实习指导老师、整体规划和管理方面担负责任；实习学校则应在师范生生活管理、实习任务安排等方面给予配合。

3. 科学组织，确保质量

（1）师范生的选择

假如一个师范生满怀热情地参加了为期半年的顶岗实习支教，却在毕业后的新教师招考中因为种种原因落选，考研、找工作、学习新技能都会受到不同程度的影响。事实上，受制于课程学习、考研和找工作的考量，许多师范院校曾遭遇过依靠"变相施压"来组织支教师范生的困扰。因此，顶岗实习师范生应在免费师范生中选择和组织，因为他们协议在先，工作无虞，素质优良，无后顾之忧。2007 年教育部发布的《教育部直属师范大学师范生免费教育实施办法（试行）》明确指出："强化实践教学环节，完善师范生在校期间到中小学实习半年的制度。"因此，选择免费师范生作为顶岗实习的实施者，可谓有章可循。

（2）实习学校的安排

顶岗实习学校如果条件过于简陋，过于分散，会使许多工作无法得到保障。因此，实习学校应在指导力量较强、工作和生活条件相对较好的城镇学校中产生，且参加实习的师范生应相对集中，便于形成学习共同体。有人认为，偏远农村、条件简陋的学校更需要雪中送炭，顶岗实习不应该只是锦上添花。对此，反驳理由如下：一是顶岗实习的主要任务在于培养师范生，只有条件好的学校才有可能不辱使命；二是顶岗实习可与《教育部关于大力推进城镇教师支援农村教育工作的意见》的落实结合进行，即顶岗实习师范生落地城镇学校，城镇教师支援农村教育，如此，顶岗实习既能实现培养师范生的价值，也间接实现了支教和置换教师培训的价值。

（3）实习指导的组织

高质量组织实习指导工作，是实现顶岗实习价值的关键。如果让师范院校和实习学校来负责这项工作，或鞭长莫及，或力量单薄，都非上上之选，而地方教育行政部门具有得天独厚的优势，担当这一工作责无旁贷。一则因为它们具有资源上的优势，每个县（市、区）都有一批教学名师和优秀班主任，把他们组织起来发挥作用，指导力量就非常雄厚；二则因为他们具备组织上的优势，地方教研室、教科室、教师研修中心能有效发挥协调、组织功能。某师范院校曾组织了 177 名首届免费师范生赴南通市各地顶岗实习，学校周密设计，各县（市、区）教育局高度重视，成立实习指导委员会，打破实习学校界限，组织当地名师给师范生开示范课、听试讲、改教案、作点评、组织实习汇报课，取得了非常好的效果，师范院校、教育行政部门都很满意，师范生的专业水平也得到了大幅提升。

教育实习是衔接师范生学科知识和教学实践的重要环节，也是师范生实现身份转换和认同的必经途径。顶岗实习这一教育实习方式历经了数十年的发展，当前在相关政策的鼓励下，在全国各地的师范院校被践行，仅以河北省为例，全省培养教师的高等教育机构包括河北师范大学、唐山师范学院、石家庄学院、河北师范大学汇华学院、邯郸学院等，都在积极推行这一实习模式。相关顶岗实习项目大多以知识建构和教师专业发展作为理论基础，力图使顶岗实习真正成为促进师范生知识生成与教育实践相结合、教育见习与全职体验相结合的途径。同时，一些师范院校也以"置换培训"的方式为农村中小学教师的在职培训提供条件。

四、顶岗实习的实践模式

纵观顶岗实习的发展史，可以发现在不同时期、不同师范院校的具体做法不尽相同。此外，各师范院校的顶岗实习也存在共性之处，根据实施顶岗实习的出发点和侧重点，可以把各师范院校的顶岗实习大致分为 3 种模式，即结合就业的顶岗实习、基于置换培训的顶岗实习和扶贫支教下的顶岗实习。

需要说明的是，上述 3 种实习模式的划分并没有绝对意义上的界限，结合就业的顶岗实习虽旨在将实习与就业相挂钩以提高师范生实践能力，但若将实习基地建在贫困农村也就有了支教的含义。扶贫支教下的顶岗实习有的也会对被置换出的农村教师进行培训。有的师范院校实施的顶岗实习则具备以上 3 种模式的所有特征。此类划分是以其最显著、最主要的特征为依据的，其中也暗含了顶岗实习的时间发展线索。

结合就业的顶岗实习，是指师范生在毕业前以"准教师"的身份到中小学去实习，独立承担教师的本职工作，实习学校根据其表现综合评定师范生的实习成绩，并确定其毕业后是否继续录用。此类顶岗实习不仅非常注重实习对提高师范生实践能力的核心价值，希望通过实习提升师范生的综合素质和专业水平，而且采取与师范生就业相结合的方式，从而为实习质量提供了保障。

基于置换培训的顶岗实习又被称为"顶岗实习，置换培训"或顶岗置换，强调师范院校的顶岗实习与中小学教师的培训工作相结合，师范生到中小学顶替原教师岗位进行全职实习的同时，师范院校为被置换出的教师提供相关的专业培训。

扶贫支教下的顶岗实习，又叫扶贫顶岗支教或顶岗支教实习，主要是为了服务于我国农村贫困地区的基础教育，克服传统实习的弊端和困难，采取师范生下乡顶岗支教的办法为教育薄弱地区源源不断地输送实习教师。这类顶岗实习最明显的特征是扶贫的性质较强，带有显著的地域性，为中小学输送的实习教师是流动性的，实施的规模和范围也较广。

五、顶岗实习的政策建议

1）制订与顶岗实习相适应的师范生培养计划，加强顶岗实习前的师范生培养与培训工作。例如，落实师范生的岗前培训，调整教育学、心理学、教法课课程安排，合理安排顶岗实习学生的调课、补课等相关问题。组织贫困地区教育部门、实习学校相关人员及师范生学习顶岗实习实施的背景和重要意义。从组织与管理的各个环节保证顶岗实习的顺利实施。

2）顶岗实习时间最好安排在大学三年级阶段，以避免大学四年级师范生因各种毕业前相关事宜而离校频繁对实习学校造成的教学秩序混乱，建议在半学期的基础上再延长一段时间。在与实习学校和当地教育部门达成共识的基础上，充分考虑实习学校的需求和师范生的专业对口问题，并尽量参考师范生的就业意向安排实习学校。

3）建议安排熟悉农村教育的师范学校指导老师和优秀的实习学校指导老师，对师范生进行定期指导，并加强实习小组之间的合作监督机制，以避免在师范生专业素质提高程度上出现两极分化的现象。

4）合理安排实习前后顶岗实习师范生的接送、住宿等事宜，将把对顶岗实习师范生的医疗、优惠、补助政策落到实处。

5）希望顶岗实习在尝试探索的基础上稳步推进，扩大实施规模，并长期开展下去。让更多的有志从事教育工作的师范生参与进来，惠及更多的贫困农村。重点关心山区和西部地区教育，多举办对实习学校教师的培训。

第三节 师范院校-政府-中小学联合模式

一、师范院校-政府-中小学联合模式简介

培养优秀师范生，是教育的期待，是社会的要求。东北师范大学以"融合的教师教育"理念为指导，以"教师教育创新东北实验区"建设为载体，以培养造就优秀教师和未来教育家为目标，提出并实施了"大学-政府-中小学"（university-government-school，UGS）合作教师教育新模式。UGS 可以概括理解为"优集"或"联合共建优集"。顾名思义，就是优势集合，不同单位或不同部门甚至不同类别事物间的联合互动、共同促进、协同发展。师范生培养模式亟待改革，可探索师范院校、地方政府、中小学联合培养师范生的"三位一体"模式，培养熟知中小学教学、拥有卓越教师技能的应用型人才。

在传统教育的视野中，师范院校、地方政府和中小学在教育中的职责是相对独立、单向联系的。这种培养方式很容易导致理论与实践的脱节，从而不能满足社会对人才的需求。正是在这种情况下，UGS 模式应运而生。这种模式具体到教育实际中是指教育行政部门发挥促进教师专业发展的组织与资源配置优势，积极协调地方教育实际与大学教学实践；师范院校主要的角色是具体了解地方教育实践和教育发展需求的各种变化，提高对地方师资发展与教学实践的服务性；中小学需要不断提高利用师范院校力量和资源支持的能力，以促进教师的专业化发展程度。

UGS 模式是一种教师专业成长模式。这种模式旨在促进一体化的教师职前培养与职后教育、一体化的专业学习和教育实践、一体化的教师研究和教育教学实践改革。

在 UGS "三位一体"人才培养模式中，师范院校与地方政府（地方教育行政部门）、中小学进行深度合作，融职前培养、入职教育、职后培训于一体，融管理文化、管理制度、组织机构、教育资源和课程体系于一体，融教育理论与教育实践于一体 （有机融合）。该模式具有 3 个显著特点，即开放、合作、实践。开放是指师范院校、地方政府和中小学各自打开封闭的围墙，在彼此开放的状态中真正融为一体，促进彼此的发展。合作是指建立教师教育共同体——教师专业发展学校，促进师范院校、地方政府和中小学不同组织之间的文化互动、融合，实现参与各方优势互补、共同发展。实践是指作为教师教育的核心价值取向，突出反映在师范院校师生参与社会实践和走进中小学教育现场，在职中小学教师走进参观、学习、培训的现场，通过实践不断促进自身能力、水平的提高，促进教育和社会的发展。

二、构建 UGS 模式的主要内容

（一）建构融职前培养、职后培训于一体的开放型教师教育人才培养模式

随着经济社会发展和国家教师教育体制改革，我国教师教育人才培养也已由封闭走向开放。开放型教师教育人才培养模式包括教育理念的开放、教育主体的开放、教学内容的开放、教学形式的开放和教学评价的开放。由于教师教育人才培养涉及师范院校、地方政府（教育行政部门）、中小学等多方面因素，我们要整合校内外教育资源，打通师范院校与地方政府（教育行政部门）、中小学之间封闭的围墙，在彼此开放的状态中真正融为一体，构建融职前培养、职后培训于一体的开放型教师教育人才培养模式，突出培养开放型教师教育人才。要运行好这种人才培养模式，必须设立相关管理机构，并通过管理机构建立相关制度，协调三方关系。设立教师教育"UGS 三位一体"管理机

构，单纯依靠师范院校的力量是无法实现的，需要地方政府（教育行政部门）出面主导、中小学参与，联合组建教师教育发展中心。教师教育发展中心接受地方政府（教育行政部门）管理，是半官方半民间的管理机构。教师教育发展中心负责制定教师教育一体化的规章制度，统筹区域教师教育资源，研究区域内教师教育改革与发展，负责区域内教师教育一体化的检查、考核、评估工作。在教师教育发展中心的管理、协调、统筹下，实现区域内教师教育培养与培训、教育科学研究与服务基础教育的一体化，优化配置与合理利用区域内教师教育资源。师范院校在校内也可以设立教师教育发展中心，具体负责校内教师教育人才培养目标、课程体系、资源整合配置、教学整体规划的统筹工作，协调与地方政府（教育行政部门）、中小学的各种合作关系。

（二）建构培养主体多元、主体间优势互补的合作型教师教育人才培养模式

美国当代著名教师教育专家古德莱德曾这样描述大学与中小学之间的关系："学校若需要进步，就需要更好的老师。大学若想培养出更好的教师，就必须将模范中小学作为实践的场所。"师范院校必须与中小学建立一种共生关系。由师范院校发起，师范院校、中小学合作共建教师专业发展学校，就是这种共生关系的体现。据此，我们建构了以教师专业发展学校为平台的培养主体多元、主体间优势互补的合作型教师教育人才培养模式。

1. 建立组织机构

教师专业发展学校采用师范院校、中小学共同管理体制，实行双校长制度，即该校校长由师范院校、中小学双方法人代表轮流担任。双方主管教学副校长及教学管理、师资管理、教学质量督导等部门负责人为管理成员。该学校设立联络处，由双方教务处处长负责联络和协商具体事务。

2. 建立合作机制

教师专业发展学校实行联席会议制度，定期召开工作协调会或业务研讨会。

3. 明确合作领域

（1）教师职前培养合作

1）课程教学。以学期为单位，师范院校选派一定科目、一定数量的课程教学论教师到中小学担任教学工作。中小学提供足够数量的班级、课程，提供必要的教学资源与条件，全力支持师范院校课程教学论教师开展教学、教研活动。中小学选派优秀教师到师范院校承担教师教育类相关课程教学。

2）教学观摩活动。师范院校选派课程教学论教师、师范专业学生参加中小学组织的教学观摩活动和教师培训活动。中小学选派教师参加师范院校有关教学活动。

3）教学实践工作。师范院校与中小学共同建设实践基地，实行师范生培养"双导师制"。师范院校以中小学为教育实习基地，加强建设。中小学选择优秀教师参与师范生实习、见习、毕业论文的指导工作。中小学为师范生提供足够的实习、见习的课程、

班级和必要的教育资源与条件，保证师范院校实践教学工作正常开展。

（2）在职教师培训合作

通过顶岗置换，师范院校接受中小学选派的教师参加师范院校组织的教师教育培训活动或师范院校承担的国培、省培项目。

（3）教育教学研究合作

1）合作申报教师教育研究项目。师范院校与中小学共同申报各级纵向和横向教育规划、教研教改研究项目，重点开展高等教育与基础教育对接研究。师范院校利用自身图书资源、仪器设备、信息资源，引导、帮助中小学教师参与研究，提升中小学教师研究水平。中小学为师范院校专家、学者提供必要的帮助和便利，使他们能够有效开展教师教育、基础教育研究工作。

2）教学研究活动。师范院校与中小学双方主动吸纳对方教师参与教研教改项目、教研室活动、教改实验。

3）学术研究活动。师范院校组织专家、学者到中小学开展讲学、讲座活动，帮助中小学教师提升教育理论水平、更新教育观念、增强教学的有效性，提高中小学办学质量。中小学选派优秀教师，帮助师范院校教师更好地开展高等教育与基础教育对接研究。

4）办学特色建设。师范院校与中小学互相支持，共同加强办学特色建设。双方组织专家、学者共同研究和总结双方办学经验，培育或强化办学特色，帮助对方诊断发展中存在的问题，并提出有针对性的改进措施。

（4）校本课程的开发与校本教材的编写合作

1）课程开发。师范院校与中小学双方发挥各自优势，合作开发基础教育和教师教育校本课程。

2）教材建设。根据新开发的校本课程，师范院校与中小学组织人力和物力编写校本教材。

（三）建构理论与实践相结合、重点提升教师专业能力的实践型人才培养模式

传统教师教育重理论、轻实践。2011 年，教育部颁布了《教师教育课程标准（试行）》及《关于大力推进教师教育课程改革的意见》，前者提出："确保教育实践课程的时间和质量。大力推进课程改革，创新教师培养模式，探索建立高校、地方政府、中小学合作培养师范生的新机制。"我们在长期实践过程中，建构了理论与实践相结合、重点提升教师专业能力的实践型人才培养模式。该模式以重视与提升教师专业能力为主线，突出培养实践型教师教育人才。

三、UGS 模式背景下卓越教师的培养策略

（一）依据中小学教师专业标准，修订人才培养目标

人才培养目标是教育教学活动的终极目的，主要指教育目的在各个不同类型的教育机构的具体化，不同社会领域和需要决定了不同的培养目标，受教育对象所处的学校类

型的差异、级别的高低也会导致形成不同的培养目标。师范院校由于自己的学校类型和培养规模的限制，主要培养高质量的师资，目前的教育评价体系中，高质量的师资最核心的就是卓越教师。教育部在 2011 年印发了各层次学校教师教育课程标准，2012 年颁布实施系列文件《小学教师专业标准（试行）》和《中学教师专业标准（试行）》等。这些文件作为一个标准，阐述了处于不同的发展阶段的教师在教育教学活动和自身发展方面应达到的专业水准及要求。师范院校在培养卓越教师的过程中，完全应该按照这个标准来进行人才培养的目标设定。

（二）采用"理论—实践"与"实践—理论"双重循环的新型人才培养方式

教育部于 2011 年面向全国高校印发了《关于大力推进教师教育课程改革的意见》。根据文件精神，各师范院校对教师教育的课程体系及具体内容均进行了改革和调整，相当程度上优化了教师教育课程体系，极大地提高了各师范院校对实践教学的重视。但是，很多师范院校在制订人才培养方案的过程中，学科专业课程的设置与实践要求远没有达到"同比"的重视程度，重"学"轻"术"。而"学必借术以应用，术必以学为基本"，如果总是一味地强调学理上的修养而忽视教学技能的训练，势必造成"纸上谈兵"，不能满足应用型人才的培养需要。

2014 年，教育部印发了《关于实施卓越教师培养计划的意见》，针对师范院校学生教育实践提出了硬性要求——教育实践不得少于一学期，这从一层面上显示出教师教育改革侧重于理论与实践的深层次结合。卓越教师计划培养的教师之所以卓越，关键不在于其在某一方面的专业知识或者某一方面的教育教学技能特别突出，而是在于教师整体性的发展都很卓越。卓越的教师更应该是卓越的教育理论家和卓越的教育实践家。对这样的人才的培养，要务必创建"理论—实践"与"实践—理论"双重循环的人才培养模式，务必创建职前、入职、职后三位一体的教育培养机制。简单地说，就是在原有的教育实习的基础上，创新未来教师的实践方式：一方面，增加师范院校教育中的教师教育课程的比重，让师范生先学习理论，产生思考，带着问题进行教学实践；另一方面，让师范生在大学就读期间，有机会多次、短期进入教育教学实践中，在教育实践中产生问题，形成教学反思，进而激发未来教师对自己教师教育理论的渴求。这样的一种良性循环，同时也能大大吸引优秀生源进入卓越教师的计划中来。

（三）吸引优秀中小学教师加盟高校师资队伍，加强双师型教师队伍建设，为卓越教师教育提供优秀师资

一个卓越教师的丰富内涵没有一个定量标准可以衡量，卓越教师身上体现的卓越之处是教师在日常的教育教学实践中不断学习、钻研、磨砺、提升出来的实践智慧。这样的教师不仅是能教书育人的教书匠，还要是一名"双师型"教师。而"双师型"教师就是指"双证"教师或"双职称"教师，即"教师+中级以上技术职务（或职业资格）"。一名优秀的"双师型"教师不仅是师范生专业理论学习的促进者，同时是师范生专业技能训练的指导者和师范生职业生涯的引导者。

目前在进行卓越教师计划的师范院校中，学科专业方面的改革很少，几乎通篇是就教育论教育，存在削弱学科专业课程的倾向。为避免这种眼高手低情况的出现，应积极鼓励没有中小学从教背景的高校教师到基层中小学进行教育实践，同时为弥补师范院校教师培养与基础教育脱节、实践少的不足，应从当地中小学选聘优秀的中小学教师加盟师范院校的师资队伍，这种情况在全国都是有先例可以参考的。福建师范大学首开先例，在全国选聘中小学优秀名师主讲"班主任工作"等实践课程，就已经取得良好效果。陇南师范高等专科学校学前教育学院也自2010年起，从深圳、宝鸡、陇南选聘优秀师资参与师范生的教学技能培训。这说明，在卓越教师的培养中，为卓越教师班配备双师型教师，并选聘优秀的中小学教师指导师范生的教学实践，是切实可行的。

（四）培养过程吸引中小学全程参与，实行 UGS 合作培养的双向传递模式

卓越教师计划是一项系统的工程，不是可以一蹴而就的，也不是单纯地依靠师范院校就能取得成功的，这中间还涉及一个广为关注的教育资源的分配问题。

我国师范院校共有100多所，其中教师教育涉及超过百万的师范生培养和1000多万中小学教师的培训。目前在教师教育中，最常见的问题是大学教师教育之间，大学教师教育与地方政府和基础教育之间基本没有合作。这是不利于教师专业化成长和发展的。因此，卓越教师人才培养计划在创建时，应首先充分考虑并调配教育资源，应综合考虑师范院校、地方政府和中小学的合作培养方式，积极借鉴 UGS 模式，创设中小学全程参与的全新人才培养模式。东北师范大学在我国的师范院校中首先"吃螃蟹"，采用 UGS 模式，与实验区的105所学校进行合作，使教师教育扎根于基础教育，取得了良好的效果。卓越教师的造就是多主体、多因素合力的结果，为了在师范院校的教师教育中培养出高质量的卓越教师，UGS 模式是非常值得借鉴的，广泛建立师范院校与政府部门和当地中小学的合作教学，主动邀请尽可能多的政府部门和中小学参与"卓越教师"的培养计划中来，可以争取在更大程度上达到教师教育的新高度。

探索和创新教师教育人才培养模式，提高教师教育人才培养质量，是经济社会文化发展的需要，也是师范院校永恒的课题。构建教师教育"UGS 三位一体"人才培养模式是创新教师教育人才培养模式的一种尝试，师范院校要在探索中不断完善人才培养模式，大力提高教师教育质量。

第四节　教师教育一体化模式

新时期教育发展对教师提出了新的要求，如何培养师范生的职前实践能力，提升在职中小学教师的执教能力已成为各级教育行政部门和学校必须面对的一项重要课题。师范院校与中小学合作构建教师教育一体化模式是对我国教师培养模式的创新，也是落实教育部《关于大力推进教师教育课程改革的意见》的充分体现。

师范院校科研力量与中小学教师合作开展教学科研项目的实践活动在我国方兴未艾，项目的合作研究对于开展教育实验、实践教育模式、尝试教育改革等都起到了积极的推动作用。

一、教师教育一体化模式构建的背景

在终身教育的大背景下，为了适应学习化社会的需要，教师教育一体化就成为当前教师专业发展的必然选择。20 世纪 80 年代，霍姆斯小组发表的《明日的教师》报告中第一次提出了专业发展学校（professional development schools，PDS）。PDS 是由大学的教育学院与中小学合作建立的一种新的教师教育人才培养模式，融教师职前培养、在职培训和学校改革为一体，其主要目的是通过实践训练来提高教师职前培养水平。这种教师教育模式注重师范院校与中小学的互动，是教师教育制度改革创新的尝试。后经诸多学者研究和推广，这种新型的教师教育模式在促进教师专业化发展、推动教育改革等方面发挥了积极的作用。

长期以来，我国教师队伍的培养主要有职前培养和在职进修两种途径。师范生获得师范院校的毕业证书，即获得教师的任职资格。由于受诸多现实条件的制约，在职教师脱岗进修的可能性较小，这造成了教师职前教育和职后教育的相互脱节。然而，现代社会和科学技术的发展及教师职业的特殊性决定了教师更新知识和终身学习的重要性比其他职业显得更为迫切。在终结性、一次完成的教师教育模式下，师范院校的职前教育不论怎样改革，都不能从根本上提高教师培养的质量，而教师的在职教育又不能完全依赖教师自发进行，必须借助组织化的模式，利用资格认定来予以保障。因此，师范院校与中小学合作创建教师教育一体化模式，打通职前培养和在职培训相融合的渠道，才能实现教师教育各个阶段的相互衔接、相互促进和互利共赢。

二、教师教育一体化模式的活动形式、存在的问题及其原因分析

目前，师范院校与中小学合作的活动形式主要有两种。

一种是高校在中小学建立教育实习基地，让师范生在大学四年级第一学期到教育实习基地进行为期 6～8 周的教育实习，以此来培养师范生的实践能力。这种合作形式由来已久，但局限性很大，一方面，由于师范生在大学期间侧重于理论知识的学习，对中小学教学一线的工作缺乏了解，不能很快胜任岗位；另一方面，由于实习时间较短，许多师范院校仅限于选派师范生到地方中小学进行观摩，师范生多是旁观者、辅助者，实训机会少，因而很难在真实的教育教学情境中体验教师的角色，造成师范生敬业精神和实践性知识的欠缺，很难达到新课程对教师能力的要求。而中小学往往也存在认识误区，认为师范生的到来不仅会打乱正常的教学秩序，而且会影响教学质量，因而心存顾虑，合作意愿不强。

另一种是师范院校以研究项目为纽带，与中小学开展的合作研究。通过校本培训、共同研究基础教育改革问题、研发校本课程等合作行为，双方在合作中实现共同发展。师范院校帮助中小学教师提升教育理论素养，促进教师专业理念、能力发展，同时师范院校也通过合作了解中小学对教师教育的需求，得以对教师教育的计划、内容、方式方法做出调整，并联系实际有针对性地开展教育研究。但这种合作形式目前尚未成熟，水平较低，远没有达到教师教育一体化的要求，存在的问题主要表现为中小学合作意愿不强，存在畏惧心理，缺乏主动反思意识。以校本研究为例，在合作研究中，中小学对师范院校的依

赖性很强，研究课题的立项、实施都由师范院校教师完成，中小学教师并没有真正成为研究的参与者，结果导致项目结题后，研究成果无法在教育改革实践中推广应用。

此外，合作制度不完善、资金短缺、沟通不畅等也是影响教师教育一体化模式运行效果的因素。

三、提高教师教育一体化模式运行效率的策略

（一）加强师范院校与中小学的合作，提高师范生的教育实践能力

实践证明，教师教育一体化模式倡导的"合作、互补实践、反思、再实践"运行策略有助于师范生实践能力的培养。师范院校可以较好地塑造未来教师的教育理论基础，但很难保证其形成教育实践能力，这就造成了教育理论和实践的脱节。因此，师范院校应积极寻找理论与实践的结合点。根据教师教育一体化模式理论，师范院校必须创建灵活的机制，克服"分离式"教师培养机制的弊端。师范院校应与中小学保持长期的合作关系，建立稳固的实习基地，形成平时沟通、阶段性见习、毕业实习相结合的持续的综合实践指导模式。同时，师范院校应给予合作学校必要的资金、技术支持，并选聘一些高水平的中小学教师来学校讲课、与师范生和教授进行交流；选派专职教师、中小学教师和师范生一起设计和制订实习计划，明确教育实习内容，让师范生不仅要参与教学实习，还要渗透到班主任工作、课外活动等学校工作的各个方面，全方位体验教师角色。通过吸收一线教师的经验和自身的实践，师范生会逐渐生成教学技能、教师信念和职业道德，使他们正式任职后能迅速地融入真正的教学情境，胜任教师工作。

（二）大力推进以校为本的教学研究制度，培养师范生的教育科研能力

全面提升教师队伍实施新课程的能力，发挥教师在深化课程改革中的主力军作用，要求教师不仅应该是教育工作的实践者，还应该是研究者。因此，师范教育必须致力于帮助师范生养成研究教学的习惯和能力。教师教育一体化模式就是要培养反思型教师，强调把教师的职前教育放到教师实际工作的学校中进行，以真实的教学情境和教学过程为研究对象。具体可通过两种途径实现：一是师范生在实习过程中不仅要向实习指导教师学习如何开展教学，而且要与中小学教师共同体验教学生活，参与实习学校的全部活动，包括定期的教学家访、教研会议、教学实验等，通过帮助收集教师研究项目的资料、参加学校管理工作等，使他们能运用研究、评估、案例等方法把所学知识运用到实践中，培养其校本教研意识；二是让师范生直接参与课题研究，让他们在实践中发现问题、解决问题。只有在教学实践中善于反思、研究，才有可能成为真正的研究者。

（三）建立健全长效的管理和沟通机制，为教师教育一体化模式提供有效的制度保证

为提高师范院校与中小学长期合作的意识，教育行政部门应将教师教育一体化纳入相关政策法规，明确中小学接受和指导师范生的义务，为师范生教育实践环节取得实效性成果提供保障。由地方教育行政部门的官员、师范院校教育实践部门的有关人员和实习学校指导教师组成教育实习领导联合体，共同负责教育实习的组织、督导、考核和评

估，促使教育实习顺利进行。设立专职岗位，从福利待遇、评优树先、职务晋升等方面给予必要的倾斜，鼓励有资格指导教育实习的优秀教师克服工作强度大、责任意识要求高等困难，加强对师范生的实习指导，帮助师范生树立正确的教师道德观念，为师范生职前教育实习提供有效的制度保证。

师范院校与中小学各有优势，通过组织各种合作交流活动可进一步巩固合作成果。师范院校可以教师教育学院下设的教育研究所为平台开展合作研究项目，在项目选题、实施和验收过程中邀请中小学教师共同探讨理论和教育实践问题；鼓励、支持教师参加师范生实习支教工作，深入中小学一线开展教育研究；在教师教育课程教学中邀请中小学优秀教师以专题讲座的形式，将生动的教学实践经验带入师范院校课堂。相关教育行政部门和中小学在拟订教师培训方案和实施校本研究项目时也应积极寻求师范院校的支持和帮助。师范院校和实习单位、指导教师和学生之间可以借助于互联网，利用 QQ、博客、微博等方式及时进行交流沟通，以真正实现实践取向的教师教育一体化培养模式。

叶澜教授曾指出："做教育学的学问不能只是坐而论道，而且要起而行道，'论'是为了更好的'行'，'行'会产生更好的'论'。"中小学是实现教育意义的基地，中小学教育实践是教育发生与展开的生活世界，是教育理论形成和发展的基础。双方的合作，为师范院校的教育工作者搭建了进入现场、观察了解中小学实际生活的平台，为教育学科的建设与教育学理论的丰富创造了条件。

第五节　一体化见习实习模式

一、一体化见习实习模式简介

自 20 世纪 90 年代以来，国家教育主管部门开始重视教师的职业技能训练。为了克服传统的经验式师范教育模式对师资培养的不良影响，改变师范院校学生教师职业技能水平低下、训练重视不足且无章可循的状况，原国家教育委员会于 1992 年 9 月颁发了《高等师范学校学生的教师职业技能训练基本要求（试行稿）》，首次以法规形式把口语表达技能、书面表达技能、教学工作技能、班主任工作技能等教师技能列为高等师范学校学生的培养目标和必修学业。之后又于 1994 年 3 月颁发了《高等师范学校学生的教师职业技能训练大纲》，要求全国高等师范学校贯彻执行。以上两个文件阐明了师范教育实践问题的关键，强调了职前教师教育实践的重要性和必要性。

进入 21 世纪，随着我国基础教育改革的不断深入，教师已由传统的知识传递者的单一角色向学习者和引导者、心理教育者、行动研究者和教育创新者等新角色进行转变。要成功地实现新时期教师角色转变必须从教师的知识水平、教育观念、教学能力、教育行为与策略及教师的职业理想入手，系统地提高教师素质。

一体化见习实习模式是为了完善和提升知识结构，培养和锻炼教育教学实践工作的能力，师范生在校内和校外导师指导下，通过教育见习、教育实习两种教育实践活动形式互为衔接、有序连贯、循序渐进的开展，将已获得的学科专业知识、技能和教育科学知识运用于中小学教育、教学工作，全面提高职前教师职业素养的综合性教育实践方法。

一体化见习实习模式在学前教育专业培养中将实践环节作为一个整体来系统定位、统筹安排，贯穿于学生本科 4 年的学习生活中。具体来讲，一体化见习实习模式包括以下几个方面：见习实习内容一体化，即将专业理论教学的内容与专业实践教学的内容整合为一体；见习实习方式一体化，即学前教育各科课程见习与教育实习或顶岗实习整合为一体；见习实习组织形式一体化，即将集中见习实习和分散见习实习相结合；见习实习时间安排一体化，即将见习实习的时间从大学一年级的第一学期开始一直贯穿于大学四年级的第二学期；见习实习考评一体化，即将学生的见习实习表现和学生的卷面成绩统一作为对学生考核评价的重要依据。

二、教育见习与实习的区别

教育见习与教育实习，都是师范教育实践的形式，其开展内容、阶段、实践侧重点各有不同。

1. 教育见习

教育见习是指师范生在积累了一定的教育科学理论及专业学科知识的基础之上，进入教育现场，实地感受、观察、体悟基地学校的教学情况，为教育研习和教育实习做好心理、精神和经验上的储备。教育见习以一周的形式，分别在不同学期开展多次，逐次积累经验，为师范生创造理论联系实际的机会，也使师范生切身感受教师生活，强化师范生的教育信念和敬业精神。例如，内容包括了解和熟悉班级或学校管理岗位的基本流程与工作重点，听课 8 课时以上，做好至少 6 堂课的听课笔录和评价，写出至少两份合格的教案，尝试在最后一次见习时进行一次讲课，或由见习小组代表讲课，小组成员评课。

教育见习主要通过以下几种形式开展：①邀请免费师范生兼职导师或校内外学科教法专家开设专家讲座，介绍中学教育现状和最新教改动态，讲授班主任工作艺术、教学方法等，使师范生及早树立角色意识；②对师范生进行相关教育教学的技能训练，如对导课技能、提问技巧、板书书法、概念讲解、举例艺术等进行系统指导；③通过学校体验、教学观摩、课堂参与等专题性见习形式，了解基础教育的课堂教学、班主任工作、课外活动组织、教学研究等内容。

在教育见习过程，要求师范生能够开展学习性听课和研究性听课，学习老教师丰富的教学经验，探索课堂教学特点和规律，研讨课堂教学的方法和策略，取长补短，改进教学方法。通过听示范课、看录像或现场听课，听介绍，听评课，学习任课教师的课堂教学艺术，了解教学情况，学习教学方法和教学技能、技巧，熟悉备课和编写教案的方法，能在见习期间，辅导学生自习，批改作业，以熟悉各个教学环节，了解教学大纲、课程设置和教材。同时，通过观察课堂常规训练及学生在课堂上的活动规律，以及学生的作文、日记、作业、试卷、成绩册等材料，了解学生的学习情况，此外了解的内容还应包括学生学习的兴趣、爱好、习惯，以及知识、能力等状况。观察班级一天的教育活动，包括早读、早操、课间操、课间活动、课外活动等，熟悉班主任的常规工作，做好见习日记。

为了有效开展教育见习，要求师范院校各院系制订切实可行的教育见习计划。内容包括教育见习的目的和意义、教育见习的内容与要求、教育见习的领导和指导工作、教育见习纪律和有关注意事项、成绩考核标准及办法、教育见习的日程安排等。每次见习结束后，及时做好总结，评判得失，核对有关数据，了解计划和实际数据是否一致，以便以后将见习工作做得更好。

为了搞好教育见习，每个见习生必须做到严格遵守见习纪律和见习学校的各项规章制度；服从领导，虚心接受双方指导教师的指导。认真做好听课笔记和课后评议工作，填写好教育见习手册，并撰写一份完整教案。教育见习结束后，学生要写出见习报告。见习报告内容包括见习的时间、见习单位、见习内容、见习效果和收获体会等。

2. 教育实习

教育实习是教师教育专业的重要组成部分，是对师范生进行实际教育和教学工作能力初步训练的基本形式。本书所指的教育实习，是指师范生在教育见习、教育研习项目确定的基础之上，在校内外导师的专业指导下，通过学科教育教学、班主任工作、教育管理等相关工作的综合实践与探索，获得对教育教学的基本认识，提高对教师职业的认识水平，进一步培养专业情感，加快专业知识和教育理论知识向教学技能的转化，基本完成由师范生向教师角色转变的实践过程。不同专业的师范生混合进行分组，由高校行政管理教师统筹管理，并由高校和实习基地学校协商确定实习指导教师，实习期间各院系指派专业指导教师对师范生予以监督指导。考虑到师范生个体情况存在差异，个案学校的教育实习分为市内统筹实习、自主实习及部分省份异地实习3类。实习内容包括听课、评课、课堂教学、班级管理工作等，实习结束后由基地学校指导教师及高校指导教师共同评价。

教育实习的主要内容有以下几个方面。

1）实习时间。教育实习的时间为一周，主要安排在大学四年级第一学期进行。实习为期一个学期，包括3个阶段：一是动员与培训阶段，主要任务是师范院校各院系进行教育实习动员工作和岗前培训工作；二是教学与班主任实践阶段，主要任务是到实习学校进行课堂教学和班主任工作实践；三是提炼与总结阶段，主要任务是提炼教学实践经验，总结教学实习体会，选修对教学实践有提炼意义的教师教育课程。

2）实习方式。实习包括3种方式：一是本地实习；二是异地实习；三是自主实习。去异地实习的学生按照本省优先、实习学校所需专业优先、所在院系推荐优先的原则选择。自主实习由学生自己在生源所在地选择实习学校，经实习学校校长、所在院系实习管理小组组长签字，并报教务处审批。

3）实习编组。实习编组按照"定岗定员、混合编组、相对集中"的原则执行，教务处确定实习学校提供的实习岗位数，由院系确定实习学生人数。教务处根据岗位需要和学科人数的情况，进行混合编组，但对于与院系有着传统实习关系的实习学校，将相对集中安排该院系的实习学生。实习编组要照顾学生的志愿，但实习学生必须接受院系和教务处的安排，教务处有最终的决定权。

4）实习管理。院系负责本学科相对集中的实习学校的所有实习学生的事务管理，在管理过程中要加强与非本学科实习学生所在院系的沟通与交流。异地实习学生的事务管理由教务处指定的教师负责,自主实习学生的事务管理由所在院系负责。每所实习学校指派一位校级领导承担实习管理工作和联系工作。院系辅导员负责本班实习学生的日常管理。学生工作部和教务处负责整体协调全校学生实习事务的管理。

5）实习指导。院系组成实习指导小组,对本地实习、异地实习和自主实习的学生提供专业指导。实习学校为每位实习学生提供教学指导教师,具体指导实习学生的教学实践工作。实习学校聘请的兼职导师,对实习学生在实习学校的实习工作提供全面的指导。

6）实习评价。教育实习成绩评定包括 3 个方面:实习态度、教学工作和班主任工作。其中,实习态度占30%,教学工作占30%,班主任工作占40%。成绩评定采用优、良、中、及格、不及格记分。教育实习的成绩由实习学校指导教师和班主任根据上述要求写出评语和评分,后由院系实习领导小组审定。教育实习成绩不及格者不得毕业。实习生在完成教学工作和班主任工作实习的同时,可以开展教育调查。对取得显著成绩者,要给予表扬。

师范院校在实习前要制订切实可行的教育实习计划,内容包括教育实习的目的和意义、教育实习的内容与要求、教育实习的领导和指导工作、教育实习纪律和有关注意事项、成绩考核标准及办法、教育实习的日程安排等。实习的内容包括教学工作、班主任工作、进行教育研究和教育调查等。相关单位要在每次实习结束后,及时做好总结,评判得失,核对有关数据,了解计划和实际数据是否一致,以便以后更好地做好实习工作。

三、一体化见习实习模式实施保障

第一,时间保障。师范院校应确定稳定而充实的一体化见习实习周或月,对师范生进行见习实习前的培养教育。"凡事预则立,不预则废",一体化见习实习计划应该被纳入培养方案中,呈现在课程表上,有了时间保证,见习实习才可能扎实有效地进行。

第二,基地保障。师范院校应建立稳定而充足的一体化见习实习基地群,确保见习实习的顺利进行。良好的见习实习基地群为学生提供了真实的实践环境,为见习实习的开展提供了物质保障。

第三,指导保障。一体化见习实习活动是一项持久的攻坚战,要想取得良好的效果,必须成立一支相对稳定的指导团队。因此,师范院校应成立稳定而精干的一体化见习实习指导团队,指导到位,效果必然得到保证。

总之,从个人层面来看,师范生能否从教育见习、实习实践模式中增强教学技能、增加教学体悟,更为重要的是能否缩短入职适应期,全面提升执教师范生的综合素质,更好地实现今后教师个体的专业成长与专业发展。从实习基地学校层面来看,中小学校能否接纳师范生长期的教学实践,基地指导老师能否与师范生共同完成研习课题等,都是亟待回答的问题。从师范院校层面来看,师范院校是否和实习基地学校建立起有效的合作与实践制度保障体系,保证该模式的顺利运行;"校内外双导师"制度是否得到有效落实,师范院校统筹管理和院系具体落实是否存在分工不明的情况,师范院校是否真正重视这一实践模式的创新与变革，都是保障一体化见习实习模式能否保质、高效实施的前提条件。

除了以上教育实习模式外，教育实习模式还有许多，如高校政府联合模式、分阶段实习模式、校外兼职模式、师范生自主实习模式、走出去与请进来相结合模式、教师教育实习模式、研究生本科生联合实习模式、高校新近教法教师与本科生研究生合作学习模式等。

思 考 题

1. 简述教育实习的主要模式。
2. 一体化见习实习模式实施中应注意的问题是什么？
3. 推荐一种教育实习模式，并简述推荐理由。

第五章 教育实习的领导与组织

第一节 制订教育实习计划

一、教育实习的目的及要求

1）通过教育实习，使师范生对当前中小学的学情、教育、教学及教育教学改革现状有一个较完整的认识，从而进一步巩固师范生的专业思想，树立献身教育事业的责任感和荣誉感。

2）要求师范生把学到的专业知识、教育理论和基本技能应用到教育实践中，从而培养师范生进行教育、教学等组织管理工作的初步能力。

3）通过教育实习，检查师范院校教育质量，从中发现问题，及时采取改进措施和提供教改意见，推动师范院校教学改革的深入发展。

二、教育实习组织工作

1）实习时间：各师范院校实际情况不同，实习时间也不同，从目前各师范院校的实习时间来看，在2～12个月不等。以9周为例，第1周、第2周为师范生在校内准备，第3周师范生开始进入实习学校，进行为期3周的见习与试讲，第6～8周是师范生课堂教学及班主任实习周，第9周为回师范院校总结周。支教实习时间一般为1学期左右。

2）教育实习组织构成：教育实习领导小组组长为学院院长；副组长有书记、主管教学副院长、教法教研室主任；组员有各实习带队教师。

3）师范生在实习期间应接受学校教务处、学院、系实习领导小组、实习学校领导、学科组及相应的级组的多重领导。

三、实习学校教师的指导工作内容

1. 原学科任课教师的指导工作内容

1）负责审批本班师范生的每一个教案。

2）听本班师范生的每节试教课（即实习课）。

3）听本班师范生试教前的预讲（试教前的练习）并提出改进意见。对个别有困难的师范生进行具体细致的帮助。

4）参加本班师范生试教评议会，对每个师范生试教情况进行评议。

5）实习结束时给本班每一个师范生评定试教工作成绩（用百分制分）。

6）实习结束时给本班每一个师范生写试教工作鉴定。

2. 原任班主任教师的指导工作内容

1）指导师范生拟订班主任实习工作计划。

2）指导师范生开展各项班主任工作。

3）听师范生主持的本班班会课和关注师范生进行的班主任工作情况。

4）带领本班师范生适当进行家访。

5）实习结束时给本班每一个师范生评定班主任实习工作成绩（用百分制）。

6）实习结束时给本班每一个师范生写班主任实习工作鉴定。

四、教育实习领导小组的职责

教育实习领导小组的职责如下。

1）制订本学院教育实习计划送教务处审核。

2）具体确定和落实实习学校及实习班级。

3）配备实习指导力量，做好教育实习的思想发动工作。

4）定期召开指导教师会议，及时发现和解决实习中存在的问题。

5）组织本学院各教研室主任和教师参加师范生组织的教育教学活动，以便通过实习来检查和改进本系的教育教学工作。

五、师范院校的带队教师及指导教师的职责

师范院校的带队教师及指导教师的职责如下。

1）在实习前一学期的期末与实习学校联系落实试教实习的教学进度，取得教学进度后给本组师范生分好课，并指导师范生备课。

2）进实习学校前要求师范生写好全部教案并组织预讲直到通过为止。

3）指导师范生制订班主任实习计划和开展班主任实习工作。

4）听实习点的每一个师范生至少一节的实习课，并做好听课记录。

5）定期抽查师范生的听课记录、实习周记、实习小组出勤情况记录与实习工作情况记录等书面材料。

6）在整个实习期间要对实习点的实习进行全面的管理，每周召开全体实习生会议，总结一周来实习工作开展情况和实习生的表现情况，以及提出下一周的工作任务。

7）经常听取实习学校领导、原学科任课教师和原任班主任教师对实习工作的意见，以协调各项实习工作。

8）实习结束后给每一个师范生做实习鉴定，评定总评成绩。

9）收齐所在实习学校各实习小组的师范生教案、实习周记、实习教育论文、实习鉴定表、实习情况调查表等材料送师范院校教育实习领导小组，并负责写师范生的教育实习总结。

六、师范生干部的职责

师范生干部的职责如下。

1. 师范生组长的职责

1）协助带队教师、指导教师及原学科任课教师、原任班主任教师抓好实习生的试教工作和班主任工作，以及思想、生活、纪律等工作。

2）关心同学的福利和生活、组织和开展各项文体活动，负责与实习学校总务处联系有关事宜（布置办公地方、借用和归还原校物品等），安排对办公室及周围环境的清洁卫生的轮值工作。

2. 实习小组长的职责

每 2～3 名师范生组成一个实习小组，推举 1 名小组长。其职责如下。

1）抓好本组师范生的试讲试教工作和班主任工作。

2）每天检查本组师范生的出勤情况和遵守纪律情况。

3）督促本组师范生于试教前 3 天把试教的教案送原学科任课教师审批，组织本组实习生预讲。

4）组织本组师范生批改中学生的作业及每天自修课下课辅导。

5）与原学科任课教师及指导教师一起做好一周的试教和预讲的工作安排及评议会的安排。

6）抓好班主任实习工作计划的制订和执行，督促本组师范生做好班主任的日常工作。

7）经常与原班任教师联系，虚心听取指导意见，并汇报本组师范生教育实习工作开展情况，出现问题应及时向领队教师反映。

3. 通信员的职责

1）负责与系领导及实习大队的日常联络工作，领取分发通知及实习有关表格、资料。

2）收集本实习点实习生活纪录、感人事迹、周记摘录、心得体会及教研文章，包括与实习有关的作品，以便实习结束后回校编辑出版实习专刊。

七、各项实习工作

1. 见习工作

师范生跟班听课，熟悉班级教学情况，并在原学科任课教师指导下备课；在原任班主任教师指导下，全方位了解班级情况。实习小组长安排本组试教及班主任实习工作的程序，制定教学进度表。

2. 试教工作

1）每个师范生试教 8～10 节课，共完成 8～10 个教案；支教师范生试教课时不少于 25 节。

2）师范生必须在认真钻研新课标、教科书、教学参考书及有关教学理论的基础上，反复钻研教材内容，考虑教学目的、教学方法，尤其要重视学生能力的培养和启发式的教学，以及怎样提问才符合中学生的认识规律，师范生应能用学过的教学理论来解释自己的教案，反对那些不认真钻研教材，囫囵吞枣地看一两遍教材后动手写教案的不负责任的做法，提倡那种对一节课的教法提出多种方案，反复比较，结合实际才确定最优方案的做法。

3）师范生写好教案后，应虚心征求别人的意见。互相磋商，取长补短，反复修改，反对那些马虎潦草"提纲式"的教案，以及匆忙送给指导教师批阅的做法，师范生写好的每一节课的第一个教案，应由小组长送指导教师批阅，组长应严格把关。每个教案必须反映师生教学活动的情况，尤其对那些培养学生思维、承上启下、分析问题的地方必须写上师范生的原话。

4）师范生必须在试教前 3 天把试教的教案送原学科任课教师和指导教师审批。凡未经审批的教案不能进行试教，经审批了的教案不得擅自更改，教案定稿后需原学科任课教师听预讲（是否每节课都经原任教师听预讲后才上讲台，这可因人而异）。

5）师范生试教时，要有原学科任课教师和指导教师参加听课，同一个小组的师范生必须互相听课并做好听课记录，每试教完一节课后要虚心听取各方面的意见。

6）每个师范生试教完几节课后召开一次正规的评议会，评议会先由试教的实习生进行自我分析，然后由其余的师范生、原学科任课教师和指导教师共同评议，小组长要做好详细记录。

7）师范生应积极参加实习学校的一切活动，积极参与课下辅导，认真批改中小学生的作业，作业批改后应在小组内互相检查以防止错改。

8）实习期间应进行适当的测验，以检查师范生的教学效果，测验题应由原学科任课教师批准方能进行测验。

9）实习期间每个师范生必须选几个差生作为教学辅导对象，对他们加强辅导，争取于实习结束时使他们的成绩得到提高。

3. 班主任实习工作

班主任实习工作包括：①组织一次班会课或 2～3 次班级活动；②抓好班主任日常工作，组织中小学生参加课间操、眼保健操、文体活动、团体活动、清洁卫生劳动，召开班干部会和进行家访等；③选择一个教育对象，有的放矢地进行教育和帮助，实习结束时写一份个别教育工作小结（或结合教育实习总结一起写）。

班主任实习工作应注意以下几点：①讲班会课要先做好充分准备，坚持正面教育，讲话要通俗易懂，生动有趣；②对中小学生出现偶发事件应采取慎重态度，及时向原任班主任教师汇报，不应擅作主张处理，更不能以任何形式处罚学生；③如果师范生需要对中小学生进行家访，必须事先征得学校领导同意并与原任班主任教师一起进行；④如组织中小学生外出集体活动，必须征得学校领导同意并与原任班主任教师一起做好准备工作，确保安全。

此外，为了便于师范生积累资料写实习总结，也为了帮助指导教师了解实习工作情况，要求师范生认真写好实习周记，内容包括试教工作和班主任实习工作情况、个人思想体会、合理化建议等。实习结束时每个小组填写一份实习活动情况记录表。

4. 科研工作初步训练

通过参加教育实习，师范生应积极进行社会调查工作，了解中小学的教育教学工作的情况。了解当前中小学学科教学改革的动向，师范生还应组织和引导中小学生参加有益的科技活动和数学课外活动，积极开展第二课堂，开阔中小学生的视野，同时也使自己得到锻炼。

5. 总结工作

每个师范生必须完成的书面材料：①教案；②实习教育论文；③实习周记；④实习听课笔记；⑤小组情况记录本；⑥实习鉴定表。小组长组织小组评议，写好小组总结，组长写所在实习学校各组实习的整体总结。材料应有原任班主任教师、原学科任课教师评语、评分和签名，实习学校评语，并盖公章。清还借用实习学校的物品，打扫工作场所的卫生，组织话别会。师范院校组织教育实习总结报告会。

八、师范生守则

1）师范生应按教学计划规定依时参加全部实习工作，对待实习工作要严肃认真、刻苦钻研，努力克服困难，争取获得优良的实习成绩。

2）师范生应服从实习学校及学科组的领导，实习期间应积极参加实习学校的有关教学和教育活动。

3）自觉遵守一切有关实习工作的规定和实习学校的一切规章制度。师范生实行坐班制，遵守实习学校的作息制度，不得迟到早退。因事离开学校要经领队老师批准。

4）虚心接受实习学校的原学科任课教师和原任班主任教师及指导教师的指导，严格遵守请示汇报制度，不许在学生面前批评和议论实习学校的教职员工，应注意维护原学科任课教师和原任班主任教师的威信，并要教育学生尊师守纪。

5）师范生应养成艰苦朴素的优良作风，爱护公物，节约文具用品，注意仪表，做到"五讲四美"，举止言行应成为学生的表率。师范生不得将通信工具带进课室，不得在办公室阅读与实习无关的书刊。

第二节　建立教育实习基地

教育是一种社会事业，是人类培养新生一代的一种社会实践。而师范院校教育实习不仅是体现师范生参加社会实践的重要环节，而且是师范院校培养师范生的教育、教学工作能力，巩固专业思想，成为合格教师的一门必不可缺少的专业实践课。师范生在教育实习过程中，既要应用教育学、心理学和各科教学法等教育科学课的理论知识，也要运用文化科学基础知识、技能和技巧。通过教育实习，锻炼了师范生从事教育、教学工作的本领，使他们毕业后走上工作岗位时无须再经过一个摸索阶段，就能以丰富的文化科学知识、熟练的专业技能技巧，因地制宜，因材施教，创造性地应用教育科学理论，胜任课堂教学、班主任及组织领导社团活动和课外活动等工作。由此可见，教育实习是师范生理论联系实际、把知识转化成能力、由学习向工作过渡的关键一环，认真组织和指导教育实习是师范院校把师范生培养成合格教师的重要途径。

当前教育实习面临重重困难，尤其是在联系实习学校的问题上。很多中小学不愿意安排教育实习，这其中有很多具体原因。有的是因为不能解决实习生吃住的问题；有的是因为不愿增加负担，或者担心打乱正常的教学秩序或降低教学质量。因此，师范院校在联系实习学校时常常遇到被婉言谢绝的情况。解决这一困境应从以下几个方面着手。

一、师范院校应建立稳固的教育实习基地

建立稳固的实习基地不仅有利于解决选点难的问题，也有利于实习学校领导和教师积累指导实习工作的经验，提高实习质量。师范院校可以创办附属中学，使它成为教育实验的场所，成为师范院校重要的实习基地。目前师范院校可设法集中一定的资金，投资于附属中学的建设，逐步扩大附属中学的规模和办学条件，每年要有计划地选派优秀的毕业生不断充实附属中学的师资队伍。各学院教研室与附属中学建立对口联系，到附属中学进行教学改革实验，提高附属中学的教育和教学质量，切实把附属中学建设成为进行教育实习的永久基地，是使师范教育得到改造和提高的重要途径。

我国现代杰出的教育家陶行知在《中国师范教育理论》一文中提出："师范教育如果与附属中小学隔阂，与实际生活隔阂就不能得到根本改造。师范教育不改造好，直接可以造成不死不活的教师，间接可以造成不死不活的国民。有生活力的国民，是要靠有生活力的教师培养的；有生活力的教师，又是要靠有生活力的师范学校培养的。"陶行知主张把师范院校的附属学校（中学和小学）改名为实习学校。这段精辟的论述和很有见地的主张说明了建立附属中学、联系附属中学对办好师范院校提高师范生质量的重要性。有一个与自己邻近的教育实习学校（附属中学），就可以实施"常川型"教育实习，而做到教育实习经常化。所谓"常川型"教育实习，综合地来看，就是把经常化的教育实习与教材教法课程合成一条渠道，以"少、精、活"为原则，在4个学期中川流不息地进行理论结合实践的学习，使培养教学能力的任务得到落实。没有附属中学，也就没有实施"常川型"教育实习的条件。其优点如下：①加大实践锻炼能力的频率，把教育实习的高难度、高效率的特色分布到大学三、四年级的3个或4个学期中，使师范生及早接触中小学生，从中受到鼓励和教育，并以此促进、增强各门学科教学中的师范性因素；②把教育实习与教材教法课程改革有机地结合起来，系列性地进行理论知识传授，教学见习和教育实习，在理论结合实践的学习过程中循序渐进地培养扎实的教学能力。

二、应选择中学挂钩定点，签订协作合同，培植教育实习基地

实习学校一般应具备以下条件：①学校的领导，特别是主管教学的校长和教导主任，应该是中小学教育的专家，重视教育实习；②学校的各科任课老师水平高，教学能力强；③学校的校风好，学生勤奋好学，配合教育实习好。

一些师范院校为了搞好教育实习，与中小学签订合同，建立固定联系，开展协作活动，收到了良好效果。上海师范大学和长江大学近几年来，用建立实习基地的办法解决教育实习地点的问题，就是很好的例证。这种办法不仅有利于沟通师范院校与中小学的联系，加强师范院校对中等教育的研究，促使本身的教学改革，使教育实习不至于陷入

盲目性而取得满意的效果，而且有利于促进实习学校对教育科学的研究和教学经验的总结，提高中小学师资队伍的素质，增强了师范生的指导力量。

具体做法是，师范院校在地方教育主管部门的协同下，全面了解可能安排实习生的中小学的办学条件、师资力量等方面的情况，选择指导力量强、办学条件较好、把接纳师范生视为自己"分内事"的中学作为实习基地，将每个年级的见习、实习和社会调查都固定安排在这些学校进行，双方形成一个领导教育实习的统一体，共同承担培养合格师资的责任。这样就保证了教育实习的统一性、科学性和系统性，使教育实习工作顺利进行。双方分工协作，实习基地学校负责师范生的思想工作，考查师范生的表现，评定实习成绩；负责师范生的生活安排；负责选派教学经验丰富、事业心强、组织管理能力强的优秀教师做指导教师，具体指导师范生的教育实习活动；负责选择教龄长、对教学法有一定研究的教师到师范院校兼各科教学法课教师。师范院校负责教育实习的全面安排，传递教学改革信息，提供教学资料，组织教学研究与学术交流活动；有计划地为安排师范生的实习基地学校培训教师，给实习基地学校分配优秀毕业生；给指导教师、兼课教师发放聘书，使他们享有免费进修、旁听、在图书馆与资料室借阅资料与文献等便利。关于实习经费，可参照有关规定供给：实习师范生所需的旅费、伙食费、实习补助费、交通费等，统由派出实习师范生的师范院校负担；实习所需的教学工具、教材及房屋、水电等所需的费用，统由实习基地学校协助解决。

第三节　明确带队教师职责

师范生在教育实习前的教法指导、技能培训、试讲、赴实习学校实习、实习后的总结等环节，都离不开实习指导教师的指导和帮助，他们的素质高低、业务能力的强弱、工作责任心的强弱是师范生教育实习能否取得良好实习效果、达到预期目的的重要因素。指导教师在师范生的教育实习中有重要指导作用，其职责主要是从教育教学能力、教育研究能力和组织管理能力等方面，着力培养和锻炼师范生的综合师范技能。具体任务是全面负责师范生的思想、安全、纪律教育，全程管理师范生的实习工作、生活，有针对性地做好师范生心理辅导，认真负责地做好实习指导，从而保证教育实习取得理想效果。

一、高校选任实习指导教师的标准

"大学聘请出色的中小学教师进入大学参加未来教师的培养工作，大学从事师范教育的教授则应该走出大学，与中小学教师一起总结、整理目前学校中最好的经验和措施，使教育科学研究植根于基础教育实践之中，使教育理论与实践密切结合"，已经成为中外教育实习改革的趋势。因此，师范院校选任的教育实习指导教师应具备以下素质。

1）思想和职业道德素质。教育实习指导教师必须具有较高的政治思想素质，良好的道德修养，关心教师培养工作，具有参与教育实习指导的志愿和责任感；有团结协作的意识和协调组织的能力等。

2）教育教学素质。具备教育学、心理学的基础知识，懂得课程论、教学论等相关理论并能运用于指导教学实践，熟悉中小学教育教学的全过程，有丰富的教学实践经验，具有自觉的教育教学诊断意识和诊断能力，具有较强的指导教学的能力，具有一定的教育研究能力，能够指导师范生开展教育研究等。

3）知识能力素质。掌握中小学相应科目课程所必需的基本理论知识，能独立分析和解决问题，能够引导师范生围绕中小学教育教学不断学习以提高自身的科学文化素质等。

二、实习指导教师的主要职责

实习指导教师的主要职责主要包括 5 个方面。

1）教育职责，指在思想政治、职业道德、职业情感和人格修养等方面通过以身作则、正面教育、反面警示等方式对师范生进行熏陶教育。

2）管理职责，指检查督促师范生对教育教学规范遵守情况，检查督促师范生各种教育实习材料准备、整理建档等情况，检查督促师范生工作纪律情况和行为规范情况。

3）指导职责，包括指导师范生开展教育教学活动、教育教学研究活动，熟悉中小学教育教学全程，了解中小学科研工作基本情况，初步规划将来的专业发展等。

4）评价职责，对师范生的具体教育教学活动给予评价和反馈，对师范生的教育实习整体水平给予评价和鉴定。

5）促进职责，即受教育行政部门或者高校委托，对聘任高校的教师教育专业建设提出建议或意见。

三、实习指导教师的主要任务

（一）有针对性地给师范生做好思想、安全、纪律教育，保障实习工作顺利进行

思想教育工作一般在实习前的动员大会上由学校教学实践管理部门和有关教学系室的负责人来进行总体动员和教育，以使学生精心准备，高度重视教育实习工作，做到言行举止文明，衣着得体大方，服从组织管理，保证完成任务。实习指导教师应在充分掌握实习学校的地理位置、学校概况、师资力量、办学特色等内容基础上，有针对性地就他所指导的学生做好实习前安全和纪律教育。安全教育包括两项内容：一是师范生的自身安全；二是在教育实习期间对所负责班级、学生的安全。例如，在组织学生课外活动中的集体安全，体育老师在体育课中对学生的安全保障，理化实验中的不安全因素的预见和排除，生物课上的野外观察安全，学生突发事件的应急处理等，既保证师范生个人安全，又保证实习对象班级的中小学生的安全。

纪律教育包括 4 项内容：一是师范生要遵守教育实习纪律；二是师范生要遵守实习学校对在职教师的各项管理制度，不搞特殊化；三是应熟悉实习学校对学生的各项教育管理规定，做好所带班级组织活动中的纪律教育；四是对违反实习纪律的师范生给予相应的处理。

（二）妥善解决师范生的工作、生活困难

在教育实习中，师范生遇到的最大困难是生活环境的适应问题。由于市区内、县城

所在地的学校接收能力有限，绝大部分师范生要赴乡镇一级的中小学进行教育实习。而部分地区的乡镇初级中小学设施简陋，教学生活条件艰苦，许多学校难以解决相当于本校教职工（一般在 20～40 人）数量的实习生的工作、生活问题。这就要求实习指导教师主动与实习学校联系、协商，并向派遣师范院校汇报争取经费支持，尽最大努力解决吃、住、供水、供电的问题，尽量给师范生提供一个条件相对舒适的实习、生活环境。

（三）有针对性地做好师范生的心理辅导工作

师范生在实习过程中，面对新的环境和实习生活会遇到一些心理焦虑和不适，主要有以下几个方面。

1）急于求成的焦虑心理。有个别师范生心理过于焦虑，急于求成，他们往往把简单问题复杂化，或者把一般问题原则化，常常吃不好饭、睡不好觉，实习指导教师要针对具体情况提出指导意见，帮助师范生过好"第一节课"的心理关。

2）工作生活环境难以适应的焦虑。表现在不能很好地适应实习学校的工作环境和管理制度，生活习惯还停留在大学生活的节奏中，与实习学校的要求及管理不同步、不协调。

3）工作量不平衡而产生的心理不适。紧缺专业学生到位之后，由于实习学校师资缺乏，很快就能接上新课，而且工作量大，课时多；相对冷门的专业或因学生个人能力问题或因学校提供不出足够的课程而一时无法上新课，有的学校甚至不让师范生带课。这些问题的解决既有赖于实习指导教师与实习学校的协商争取，还有需要师范生尽快转变观念。师范生在实习学校不仅仅是为了上好几节课，更重要的是要全面熟悉中小学教学管理的各个环节，包括班主任工作、学生社团、兴趣小组活动、常规教学管理等各个方面，重在参与和感受。

4）文化生活单调产生的心理不适。基层学校大多条件艰苦，信息闭塞，这就要求实习指导教师一方面多向实习学校争取一些工作任务，把师范生的空闲时间充实起来；另一方面引导学生树立"全程参与管理、全面参与教学"的理念，争取多和学生打交道，要把自己努力融入每个教学程序和环节，积极参与学校组织的各项活动。

5）人际交往的心理不适。实习指导教师要及时与师范生谈心，了解情况，通过组织相应活动，丰富师范生业余生活。

（四）着力培养和锻炼师范生的综合师范技能

师范生的综合师范技能包括教育教学能力、教育研究能力和组织管理能力 3 个方面。

1. 教育教学能力的培养任务

1）与实习学校的教务部门协商，确定每位师范生的实习内容，分配实习教学任务。

2）指导师范生备课，批改教案，组织课前试讲、试教。

3）深入课堂，听师范生讲课，与实习学校相关教师共同主持教学评议会，提出改进意见和措施。

4）指导师范生批改作业和课后辅导，并进行督促检查。

5）每星期或每个授课周期定期召开师范生教学工作经验交流会、座谈会，共同寻找差距，改进教学方法，提高教学工作质量。

6）组织各学科、各专业师范生交叉听课、共同评议、共同提高。

7）做好教学工作意见反馈和总结。

2. 教育研究能力的培养任务

1）指导师范生选择研究专题，如有关教学改革探讨、学生的心理与生理特点分析、师生情感效应分析、学生创新能力的培养、各种教学能力的培养、各种教学方法的应用等适合的专题。

2）指导师范生掌握科学的研究方法，如引导师范生搜集和整理有关理论资料，分析教育教学有关实践或试验的科学性，提出有价值的解决方案。

3）鼓励师范生积极参加实习学校特色教改教研活动，如学校公开课演示、教研室活动、教改实验探索、新课程研讨、校本课程开发等。

3. 组织管理能力的培养任务

1）与实习学校政教部门协商，确定班主任实习工作内容，分配班主任实习工作任务。

2）指导师范生拟订班主任工作计划和开展第二课堂、兴趣小组实施计划。

3）了解和检查师范生执行班主任、第二课堂、兴趣小组工作计划情况。

4）对师范生开展班主任、第二课堂兴趣小组等活动征集意见并进行反馈。

5）实习生要写出总结，相互交流，共同提高。

（五）客观公正地为师范生的教育教学活动作出评价和鉴定，做好实习总结

实习工作结束时，具体任务包括以下几个方面。

1）根据师范生在教学实习、班主任实习工作、其他活动等过程中的表现，参照原学科任课教师和原任班主任教师的意见，初步评定师范生的实习成绩。

2）根据师范生实习表现，客观公正地做好实习鉴定。

3）指导师范生做好实习总结，实现从理论到实践、再由实践升华到理论的转化。

4）撰写实习工作情况汇报，总结成绩和不足，指出存在的问题和努力方向，并向师范院校教学实习管理部门和有关教学系室提出改进意见。

第四节　制定教育实习评价标准

教育实习是师范生进行完整系统的本科师范生教育的教学环节之一，是重要的实践性教学环节，旨在使师范生深入教学实践中，了解当前一线教学对教师的要求和需要，检查和锻炼师范生实际运用在校所学理论知识的能力，力求将师范生培养成为既具有扎实的专业基础知识又具有过硬的教学实践能力的实用型教学人才。师范生教育实习成绩评定标准是为加强师范生教育实习工作管理，规范毕业生实习的行为表现，科学合理地测评师范生的工作业绩和实习表现而制定的。

在制订教育实习计划的基础上，师范生教育实习成绩评定标准应包括以下 3 个具体标准：教学工作实习成绩评定标准（表 5-1）、班主任工作实习成绩评定标准（表 5-2）、

教育调查研究报告成绩评定标准（表5-3）。

表5-1　教学工作实习成绩评定标准

评分等级		满分	优	良	中	及格	不及格
		100分	90～100分	80～89分	70～79分	60～69分	59分及以下
课前准备	教案设计	10分	备课认真，教案完整、有所创新，质量较高，能按时完成	备课认真，经备课组讨论或教师启发，教案完整，有一定质量，并能按时完成	备课努力，教案比较完整，质量一般，经教师的帮助能按时完成	备课较努力，教案尚完整，经教师较多的帮助基本按时完成	备课不认真，组织教材有较大的困难，虽然教师多次帮助，仍不能按时写出较完整的教案
	预讲练习	10分	内容熟悉，教态自然，符合教学要求	内容熟悉，基本按教案试讲，教态自然，能接受意见，不断改进	内容较熟悉，自主完成试讲，能接受意见，注意改进	经提示能完成教学内容的试讲，能接受意见	内容不熟悉，随意性大，不符合教学要求，不虚心接受建议和意见
课堂教学	教学内容	10分	目的明确，重点突出，难点准确，概念清楚	目的明确，重点突出，难点基本准确，概念清楚	目的基本明确，能抓住重点，难点基本准确，概念基本清楚	目的基本明确，无知识性错误	目的不明确，没有抓住重点和难点，存在知识性错误
	教学方法和手段	10分	启发、引导得当，能调动学生的学习积极性，开展双向活动好，积极制作直观教具和有效运用现代化教学手段进行教学	启发式教学方法运用较好，能引导和注意调动学生的学习积极性，一定程度开展了双向活动，能运用直观有效的教学手段	注意运用启发式教学方法，有所引导，能注意调动学生的学习积极性和开展双向活动，能注意运用某些教学手段	教学过程使用的方法、手段一般	教学不得法，不能驾驭教材和学生，不重视采用必要的教学手段
	语言板书	10分	普通话标准，语言简洁、流畅、生动，板书安排有序、工整、美观，书写规范	普通话比较标准，语言基本简洁流畅，板书安排基本合理，字迹清晰，书写规范	能用普通话教学，方言土语较少，语言欠流畅，板书清楚，书写基本规范	基本能用普通话完成教学，板书基本清楚	不能用普通话教学，口头语多，语言词不达意，板书随便，字迹潦草，错别字较多
	教学组织	10分	能全面照应和严格要求学生，课堂教学组织严密，课堂秩序活而不乱，应变能力较强	能照应到大多数学生，要求严格，课堂教学组织严密，课堂秩序较好，有一定的课堂应变能力	能照应到大多数学生，课堂教学秩序较好	教学过程能注意学生反应，课堂秩序一般	无法照顾学生，不能控制课堂秩序，教学组织不严密，课堂应变能力差
课堂效果	教学效果	10分	很好地达到了教学目标，教学内容能当堂消化和巩固，教学效果很好	较好地达到了教学目标，教学内容能当堂消化，教学效果好	较好地达到了教学目标，教学内容均能听懂，大多数能当堂消化，教学效果较好	基本上能达到教学目标，教学内容基本能听懂，教学效果一般	没有完成教学任务，教学内容部分学生尚未听懂，教学效果差
课后活动	课外辅导	10分	主动、耐心细致地进行课外辅导；解疑答问正确，有启发性；能区别情况，因材施教；指导科技活动和兴趣小组的能力较强；讲座质量较高	认真开展课外辅导；解疑答问正确，有启发性；指导科技活动和兴趣小组的能力较强；讲座有一定质量	解疑答问认真、正确；指导科技活动和兴趣小组的能力一般；讲座质量一般	能进行课外辅导，解疑答问基本正确，在教师帮助下能开展科技活动指导	不会课外辅导，指导科技活动能力差；无独立进行讲座的能力

续表

评分等级		满分	优	良	中	及格	不及格
		100 分	90～100 分	80～89 分	70～79 分	60～69 分	59 分及以下
课后活动	批改作业	10 分	批改作业仔细、正确，作业评讲认真、到位，效果好	认真地批改和评讲作业，无差错，效果较好	认真批改作业，作业讲评无差错	能认真批改作业，作业讲评基本正确	批改作业马虎，有错误，无独立讲评作业的能力
	听课评课	10 分	能进行全面深刻的自我分析，虚心听取别人的意见，不断改进教学，也能评论别人，并提出正确意见和教学建议	能认真地进行自我分析，听取别的意见，改进教学，能帮助别人分析提出意见和教学建议	能比较认真地进行自我分析，也能接受别人的意见，注意改进教学方法	能接受别人的意见，注意改进教学方法	自我分析抓不住重点；接受别人意见不虚心；教学无改进，对别人不关心，提不出意见
特色加分		特色教学（如双语教学等）可适当加 1～5 分，但"教学工作实习"不得超过总分的 100 分					
备注		占教育实习总成绩的 50%					

表 5-2　班主任工作实习成绩评定标准

评分等级		满分	优	良	中	及格	不及格
		100 分	90～100 分	80～89 分	70～79 分	60～69 分	59 分及以下
工作准备	掌握情况	10 分	能较快地掌握和熟悉全班学生姓名、个性特点、兴趣爱好、思想情况、组织情况（干部、团员、队员）及班级特点	能掌握全班学生姓名、个性特点、兴趣爱好、思想情况、组织情况（干部、团员、队员）	基本掌握全班的情况，对差生、优生的情况了解较细	基本掌握全班的情况	对班级的基本情况不了解，心中无数
	制订计划	10 分	能以正确的教育思想为指导，根据实习学校要求制订明确、具体、切实可行的计划	能根据实习学校的要求制订切实可行的计划	能根据实习学校要求制订工作计划，但不够完善	基本上根据实习学校要求制订工作计划，但不具体	不能制订出班主任工作计划或制订的计划不具可行性
工作内容和要求	方法态度	10 分	能积极主动配合原班主任工作，深入细致，热爱学生，敢于严格要求，正确引导，态度诚恳耐心	能主动配合原班主任工作，热爱学生，能严格要求，态度诚恳耐心	能按照原班主任提出要求进行工作，对学生能明确要求，态度较诚恳	基本能按原班主任要求开展工作	对实习班主任工作缺乏主动性，对中学生不敢提出要求或方法简单粗暴
	日常工作	10 分	能坚持参加学生的课外活动，处理好日常事务，会做思想教育工作，效果好	能参加学生的课外活动，并能通过班级日常活动对学生进行思想教育，效果较好	能参加学生的课外活动对学生进行思想教育，效果尚好	能参加学生的某些课外活动，对学生进行一定的思想教育，效果一般	不能经常参加学生课外活动，教育效果差
	集体活动	10 分	组织和辅导主题班会、班级活动、兴趣小组，内容丰富，有针对性，适合中学生特点，能开拓思维，开发智力，效果好	组织和辅导主题班会、班级活动、兴趣小组，有一定的内容和针对性，开拓学生思维和开发智力，取得较好的效果	组织和辅导主题班会或集体活动，有一定的内容，开拓学生思维和开发智力，有一定的效果	能组织主题班会和某些形式的集体活动教育，有一定的效果	在原班主任指导下，组织主题班会和集体活动有困难

续表

评分等级	满分	优	良	中	及格	不及格
	100分	90～100分	80～89分	70～79分	60～69分	59分及以下
工作内容和要求 个别教育	10分	有目的地了解个别学生的学习、思想品德、生活、健康、家庭及社会影响等情况，做学生的知心朋友，针对学生的情况，进行个别教育，效果好，并能提出好的教育建议	对个别学生学习、思想品德、生活、健康、家庭及社会影响等有所了解，能针对情况进行个别教育，有效，能提出合理的教育建议	对个别学生学习、思想品德、生活、健康、家庭及社会影响等某些方面的情况有所了解，能进行个别教育，提出教育建议	对个别学习、行为较差的学生能进行一般的教育	未能深入了解个别学生，对个别学生有关情况不清楚
联系家长	10分	善于运用家访、家长会议或其他形式进行家长工作，并取得家长的密切配合，对学生进行教育，取得好的效果	对学习能力不同的学生进行家访，取得了较好的效果	对学习能力不同的学生进行家访，取得了一定的效果	对学习能力不同的学生进行家访，效果一般	未进行家访，或进行家访效果差
工作表现及效果 工作能力	10分	独立工作能力强，能想方设法克服困难，开展工作，成绩显著	独立工作能力较强，能克服困难开展工作，取得较好的成绩	独立工作能力一般，能克服困难，工作有成绩	在指导教师帮助下能较好地开展班主任工作	没有独立工作能力，工作不主动，经指导教师大力帮助后，仍有很大困难
行为表率	10分	言行端庄，衣冠整洁，团结互助，遵纪守法，为人师表，爱护学生，师生关系好，受到学生的尊敬和爱戴	言行端庄，衣冠整洁，团结互助，遵守纪律，为人师表，关心学生，师生关系正常，受到学生的尊敬和爱戴	言行举止、衣着打扮能符合要求，能关心学生，师生关系正常，有一定的感情	言行举止、衣着打扮基本符合要求，能关心学生	言行举止不够检点，衣着打扮奇形怪状，引起不良反应，师生关系不融洽
自我评价	10分	对自己工作的分析全面、深刻，能全面地总结自己的经验和教训，能虚心听取别人的意见	对自己工作的分析比较全面，符合工作实际，能虚心听取别人的意见	对自己工作的分析比较全面，能诚恳地听取别人的意见	能对自己工作进行分析，能听取别人的意见	对自己工作的分析空洞，不能发现工作中的重大问题和提出解决办法，不能听取别人的意见
备注	占教育实习总成绩的40%					

表 5-3　教育调查研究报告成绩评定标准

评分等级	满分	优	良	中	及格	不及格
	100分	90～100分	80～89分	70～79分	60～69分	59分及以下
选题意义	10分	选题能从实际出发，具有针对性和现实意义	选题具有一定的针对性和现实意义	选题具有一定的针对性	选题一般	选题不适当，偏大或偏小
掌握材料	20分	材料全面、客观、精确、具体，具有代表性	材料比较全面、客观、精确、具体，具有一定的代表性	材料比较全面，能说明问题	有一定数量的材料，基本能说明问题	材料不全面、不客观，虚假、抽象，说明不了问题

续表

评分等级	满分100分	优 90～100分	良 80～89分	中 70～79分	及格 60～69分	不及格 59分及以下
结构表达	20分	文章结构严谨，层次清晰，逻辑性强，文字表述准确，流畅生动	文章结构合理、层次清楚，文字表述流畅、得当	文章结构基本合理、文字表述清楚	文字表述基本清楚	文章结构无条理，文字表达能力差，词不达意
论述分析	20分	观点鲜明，论据充分，分析深透，具有较强的说服力	论点鲜明，有论据，有分析，具有一定的说服力	有观点论据，论述有一定的说服力	有观点论据	观点、论据杂乱，论述不具有说服力
结论建议	20分	经实习学校领导、指导教师评议，结论正确，建议切实可行	经实习学校领导、指导教师评议，结论正确，建议可行	经实习学校领导、指导教师评议，结论基本正确，建议主要方面可行	经实习学校领导、指导教师评议，结论有一定的依据，建议某些方面可行	经实习学校领导、指导教师评议，结论无依据，建议脱离实际
调查能力	10分	态度认真、工作深入，观察力和判断力较强，善于运用各种方式和方法获取材料	态度认真、工作深入，有一定的观察力和判断力，能运用有效的调查方式和方法获取材料	态度认真，能独立运用常规调查方法获取材料	在指导下能使用一般方法获取材料	态度不认真、方法不对，未能获取有用的材料
备注	占教育实习总成绩的10%					

思 考 题

1. 教育实习成绩由哪几部分组成？
2. 实习指导教师的任务是什么？
3. 如果你是中小学校长，你愿意接待实习生来校实习吗？为什么？
4. 你认为什么样的实习生最受中小学欢迎？这样的实习生如何养成？给出你的建议。

参 考 文 献

陈玲，2010．高职院校学生顶岗实习存在的问题及对策分析[D]．曲阜：曲阜师范大学．

陈永明，1999．国际师范教育改革比较研究[M]．北京：人民教育出版社．

段红岩，2009．教师的课堂仪表与语言[M]．呼和浩特：内蒙古大学出版社．

高鸿源，赵树贤，魏曼华，2013．师范生教育实习指南[M]．北京：北京师范大学出版社．

苟健，2010．H大学师范生"三习"一体化实践教学模式的个案研究[D]．上海：华东师范大学．

郭文雯，2015．浅析高校图书馆真人图书馆服务实践：以上海电力学院为例[J]．科技视界，（23）：170．

贺德红，2009．名优教师成长的关键[M]．呼和浩特：内蒙古大学出版社．

黄成，2015．浅析真人图书馆的发展现状和对策[J]．求知导刊，（14）：38．

金秀丽，2014．高校真人图书馆服务策略探析[J]．吉林工程技术师范学院学报，30（2）：53-54．

李冰，谢百治，2000．多媒体教学应用与教学改革创新[J]．电化教育研究，（7）：37-41．

李向东，卢双盈，2005．职业教育学新编[M]．北京：高等教育出版社．

刘彩霞，范向前，2012．师范专业实践教学的形态与发展[J]．课程·教材·教法，（10）：110-115．

刘志鸿，2010．名优教师之路[M]．南昌：江西高校出版社．

刘志敏，2012．教育实习指南[M]．北京：高等教育出版社．

潘健，2013．师范生顶岗实习的定位分析及其价值实现[J]．教育发展研究，（4）：32-36．

舒易红，刘诗伟，2015．高师教师教育"UGS三位一体"人才培养模式的建构[J]．衡阳师范学院学报，36（1）：151-153．

宋静磊，2010．我国高等师范院校顶岗实习研究[D]．上海：华东师范大学．

孙玉红，李广，程媛，2017．地方高校培养师范生的联动优集机制（UGS）探索[J]．黑龙江高教研究，（1）：91-93．

吴建设，2014．高职教育推行现代学徒制亟待解决的五大难题[J]．高等教育研究，（7）：41-45．

吴义红，2012．名优教师是这样炼成的[M]．北京：中国社会科学出版社．

谢培松，2009．教育实习[M]．长沙：湖南科学技术出版社．

闫媛媛，田传银，2009．关于新形势下完善"导师带徒"培训体制的思考[J]．中国电力教育，（6）：255-256．

杨玉梅，2008．我国高师师范专业顶岗实习实施效果现状调查研究[D]．重庆：西南大学．

叶叶，2013．"教育见习、研习、实习一体化"实践模式的问题与管理对策研究[D]．上海：华东师范大学．

袁丽，陈林，2014．"顶岗实习"教师培养的政策分析及其争议[J]．教师教育研究，26（6）：61-68．

曾碧，马骊，2015．基于UGS模式下的卓越教师培养策略[J]．廊坊师范学院学报（社会科学版），31（3）：117-119．

张彩丽，2014．学前教育专业（艺术教育方向）一体化见习实习模式的组织实施[J]．戏剧之家（上半月），（1）：121-122．

张宏亮，赵学昌，2015．高职文秘专业"导师带徒"人才培养模式构建研究[J]．秘书之友，（8）：38-42．

张金磊，王颖，张宝辉，2012．翻转课堂教学模式研究[J]．远程教育，30（4）：46-51．

张万祥，2005．教师专业成长的途径：30位优秀教师的案例[M]．上海：华东师范大学出版社．

郑金洲，2007．课堂教学的50个细节：一个专业研究者的听课杂记[M]．福州：福建教育出版社．

朱绍禹，等，2011．高师教育实习指导[M]．北京：高等教育出版社．